本当に賢い会社のたたみ方

花本 明宏

ぱる出版

はじめに

我が国には、385万6457社の企業が存在し（平成28年6月総務省発表）、1年間で約13万2000社の企業が設立され、約4万9300社が休廃業、解散・倒産し消滅しました（平成29年）。このように毎年たくさんの方が起業し会社を設立する一方で、多くの経営者が廃業するなどして会社をたたんでいます。

経営者たるもの、事業を立ち上げ、会社を成長発展させることが本分であることは間違いありませんが、残念ながら何らかの理由でその会社をたたむ状況に陥ることもあり得ることです。自らの失敗による業績悪化だけでなく、昨今の新型感染症の蔓延や自然災害の発生など自ら免れきれない外部環境の激変によるもの、また高齢や体調不良、後継者不在によるものなど、会社を継続し続けることは大変困難なことです。

自ら立ち上げ育て上げた会社をたたむことは非常に辛く、断腸の思いでしょうが、これも経営者としての重要な責務であることには違いなく、ここを見誤りおろそかにすることはできません。適切な時期に適切な方法で会社をたたむ処理をしないと、本人はおろか家族や、従業員、取引先など会社に関わる多くの関係者に多大な迷惑と損害を与えかねません。

また、会社をたたむというと、すぐ「倒産」というマイナスなイメージをもたれるかもしれませんが、必ずしもそれだけではなく、会社をたたむことによって、経営者が次のステージへのスタートをきることができるという前向きな側面も持ち合わせているのです。

本書は、何らかの理由で自ら経営する会社をたたむことを選択肢の1つとして検討することになった経営者の方のために、会社のたたみ方の基本を平易な言葉でわかりやすくお示しし、「会社のたたみ方」を迅速・適切に検討、判断、実行できるよう解説いたしました。

会社経営者が本書を活用し、自らの会社の行く末についての判断、手続きの一助になれば幸いです。

2021年　9月

花本　明宏

目次

第3章　通常清算とは　49

第5章　破産とは 93

第7章 会社をたたんだあとは 149

〖参考文献・引用資料〗

・『2021年版「中小企業白書」』(中小企業庁)
・『2020年版「中小企業白書」』(中小企業庁)
・『2019年版「中小企業白書」』(中小企業庁)
・『2020年「休廃業・解散企業」動向調査』(東京商工リサーチ)
・『全国企業倒産状況』(東京商工リサーチ)
・『中小企業・小規模事業者の次世代への承継及び経営者の引退に関する調査(2018年12月)』(みずほ情報総研)
・『中小企業景況調査(令和2年4−6月期)』(中小企業基盤整備機構)

本書の全体像

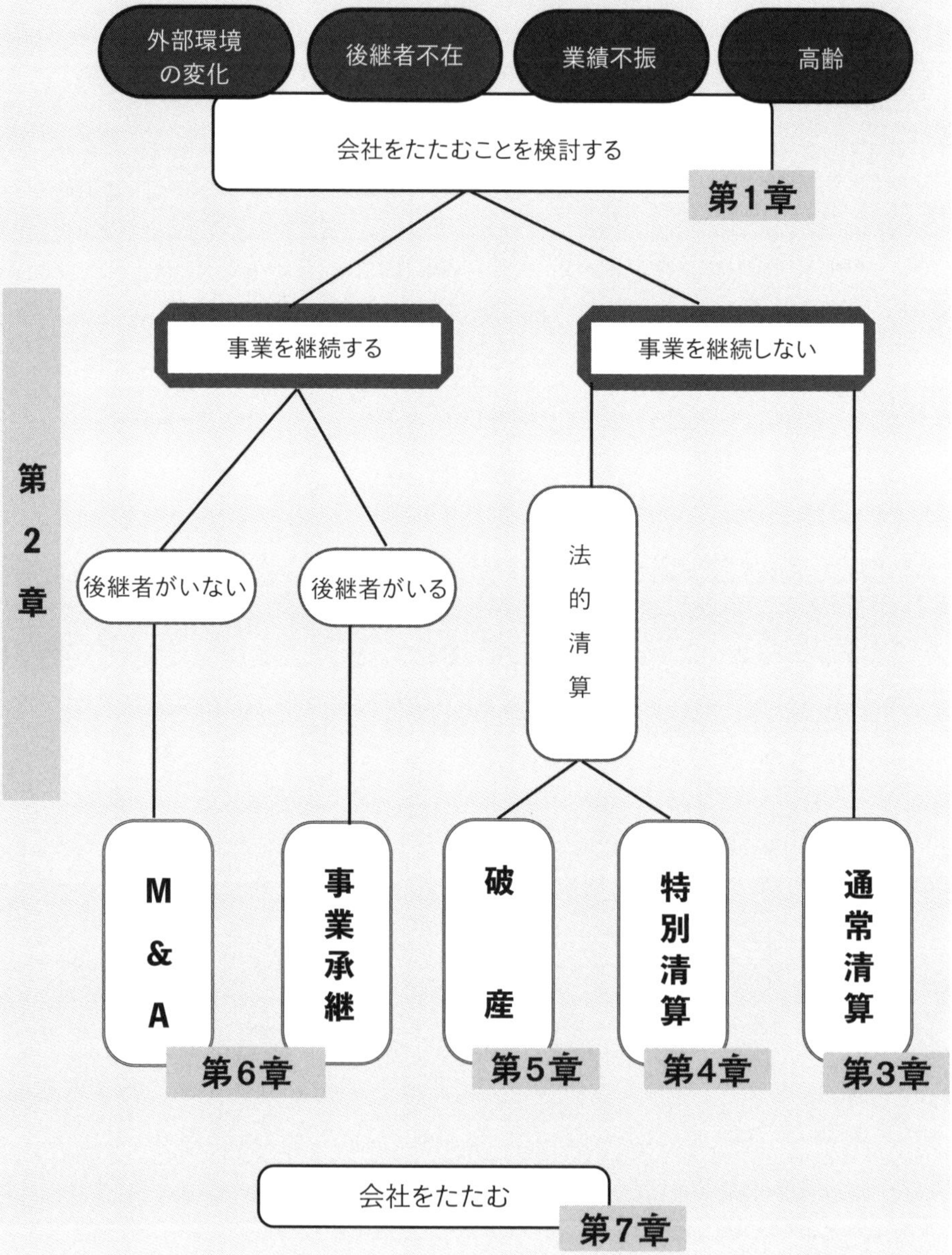
外部環境の変化
後継者不在
業績不振
高齢
会社をたたむことを検討する
第1章
第2章
事業を継続する
事業を継続しない
後継者がいない
後継者がいる
法的清算
M&A
事業承継
破産
特別清算
通常清算
第6章
第5章
第4章
第3章
会社をたたむ
第7章

第1章　会社をたたもうと思い立ったら

1. 会社をたたむ経営者ってどれくらいいるの

そもそも会社をたたむ経営者はどれくらいいるのでしょうか。

我が国の休廃業・解散した企業数は2019年までは4万件台の半ばで推移していましたが、2020年は新型コロナウイルス感染症の影響などにより調査開始以降最多となる4万9698件となりました。また、業種別にみても大きな差はみられず、業種にかかわらず休廃業・解散した企業が増加しています。さらにすべての業種において、これらの企業の95%以上は従業員数20名以下の比較的小規模な企業であることがわかります。

また、休廃業・解散した企業の代表者の年齢は、70歳以上が年々増加傾向にあり、これらの企業数が増加した背景には、経営者の高齢化が一因にあると考えられます。

さらに企業の業歴をみてみると、比較的業歴の短い企業の休廃業・解散も生じていることが確認でき、創業期に経営が軌道にのらず、休廃業・解散に至ったものと推測されます。

休廃業・解散件数の推移

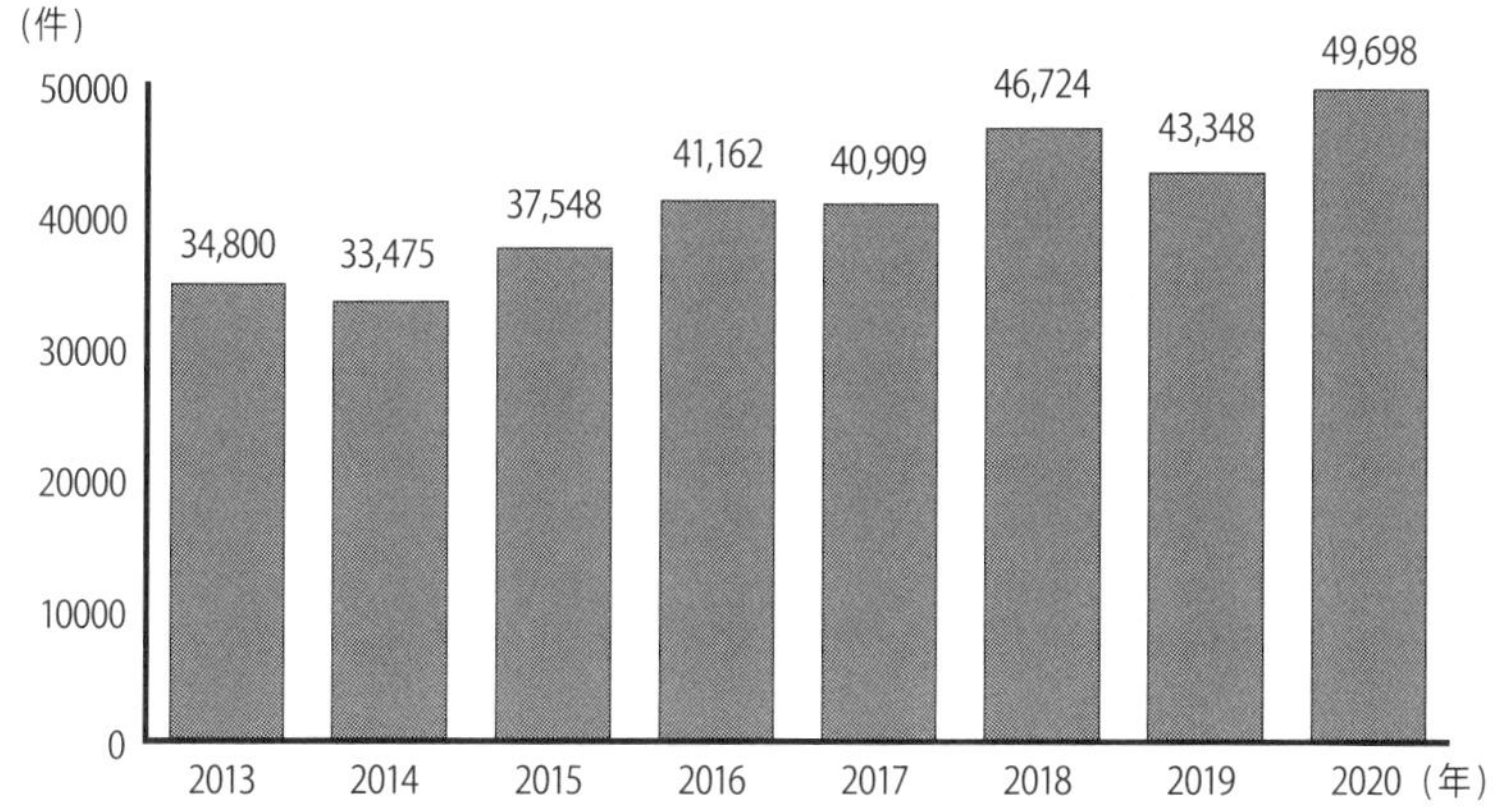

資料：（株）東京商工リサーチ「2020年「休廃業・解散企業」動向調査」
（注）1.休廃業とは、特段の手続きをとらず、資産が負債を上回る資産超過状態で事業を停止すること。2.解散とは、事業を停止し、企業の法人格を消滅させるために必要な清算手続きに入った状態になること。基本的には、資産超過状態だが、解散後に債務超過状態であることが判明し、倒産として再集計されることもある。

休廃業・解散企業の業種構成比

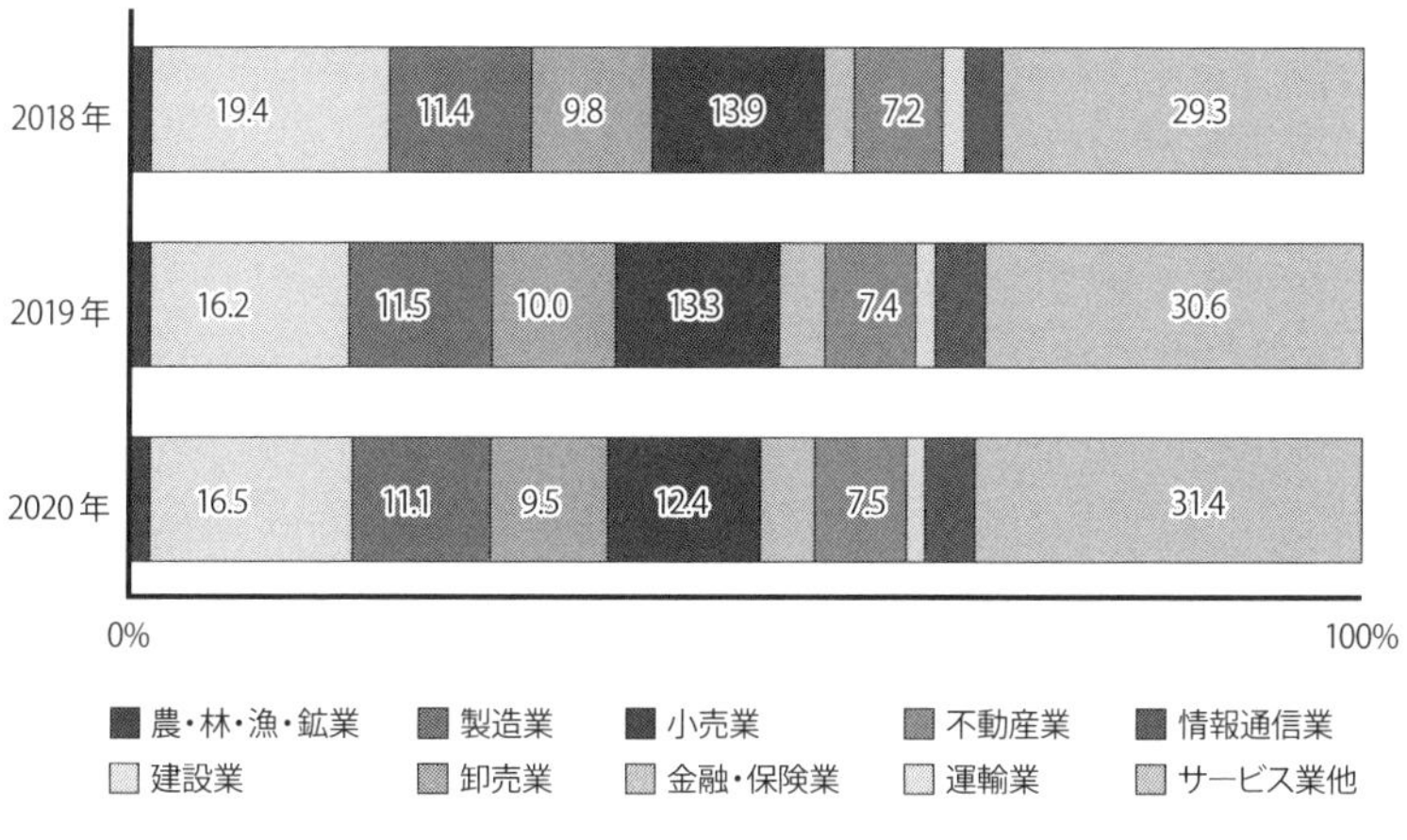

資料：（株）東京商工リサーチ「2020年「休廃業・解散企業」動向調査」再編加工

業種別、休廃業・解散企業の従業員規模の構成比

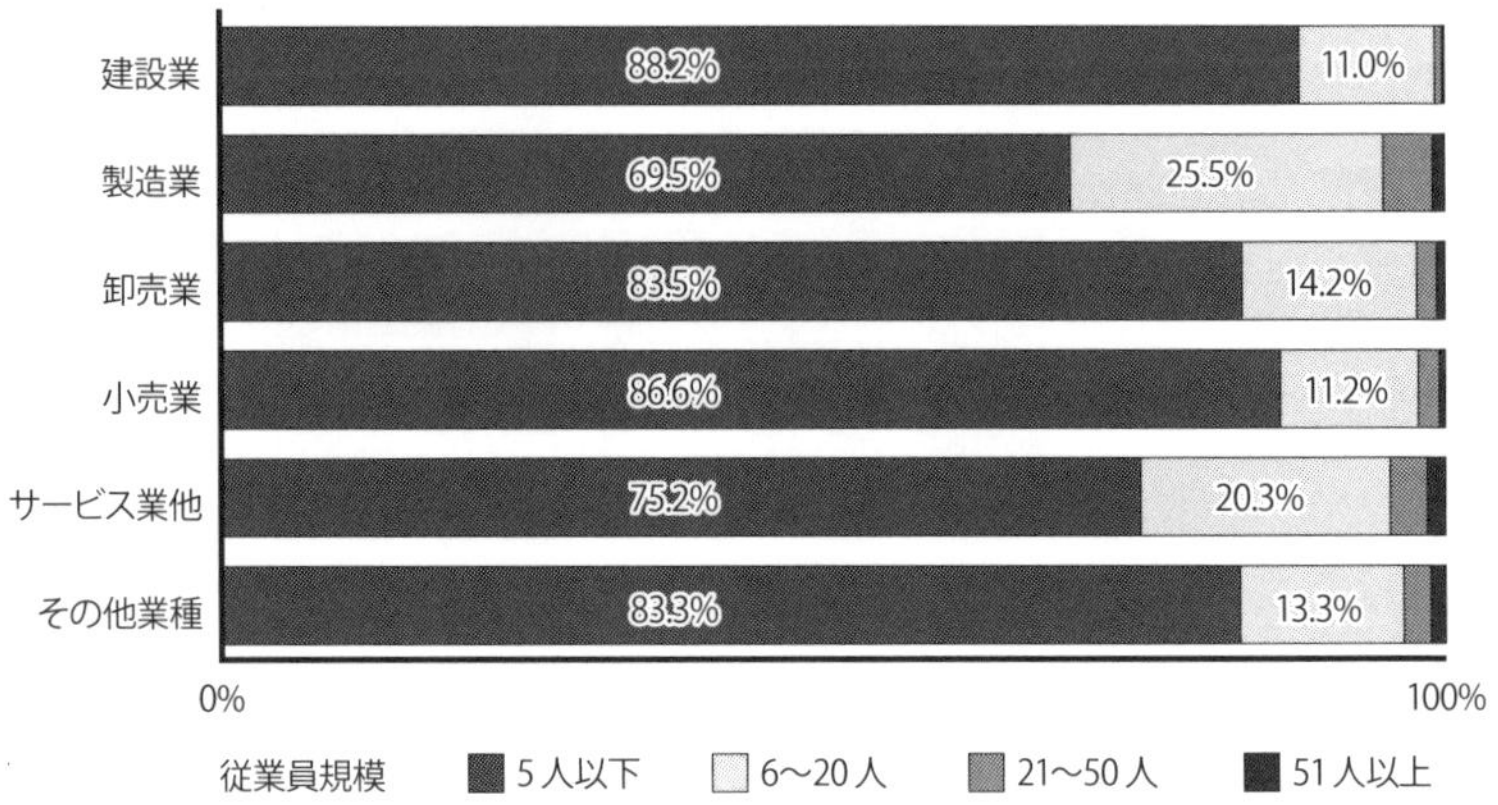

資料：（株）東京商工リサーチ「2020年「休廃業・解散企業」動向調査」再編加工
（注）その他業種は、「農林漁鉱業」、「金融保険業」、「不動産業」、「運輸業」、「情報通信業」の合計。

休廃業・解散企業の代表者年齢の構成比

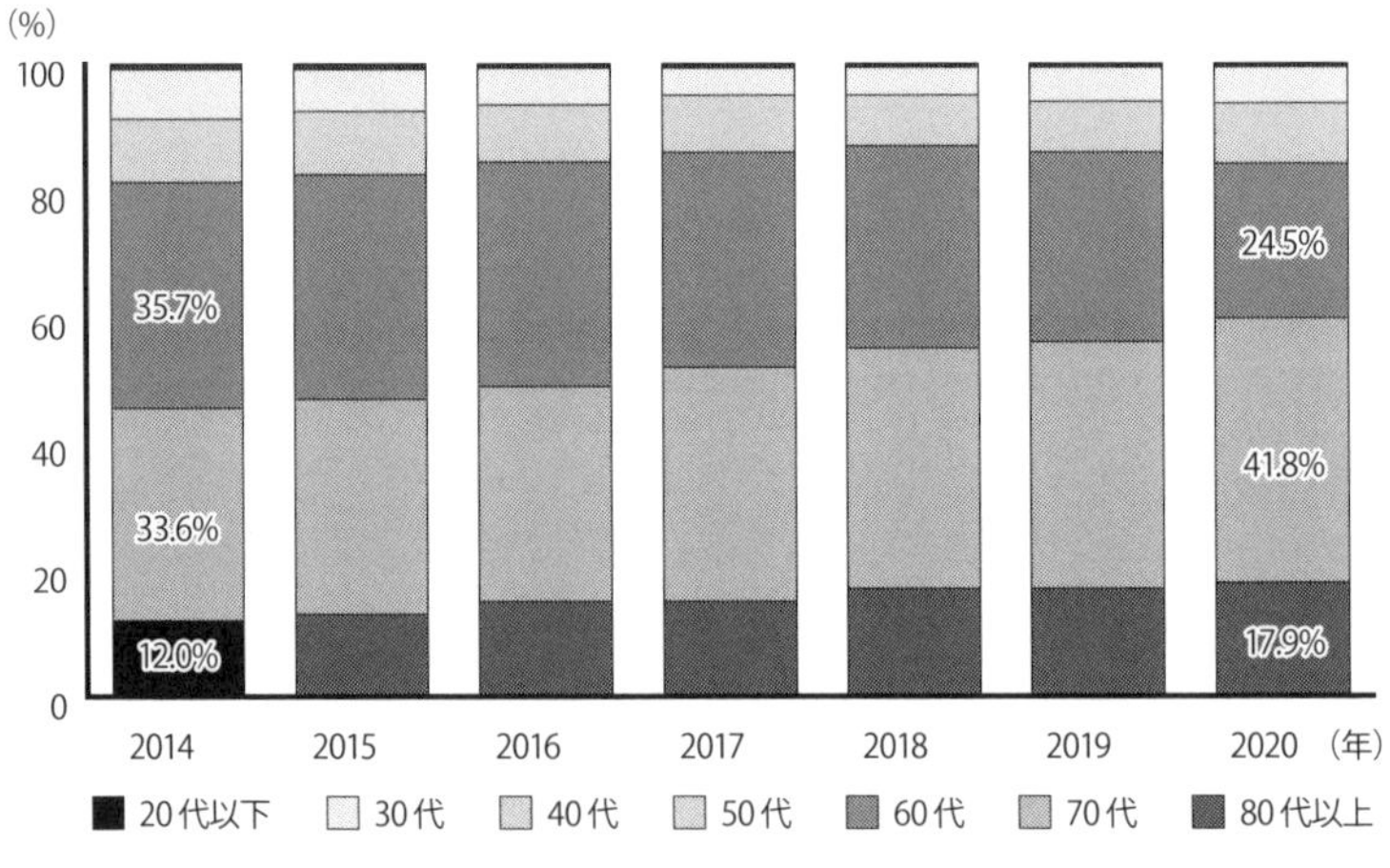

資料：（株）東京商工リサーチ「2020年「休廃業・解散企業」動向調査」

休廃業・解散企業の業歴別構成比

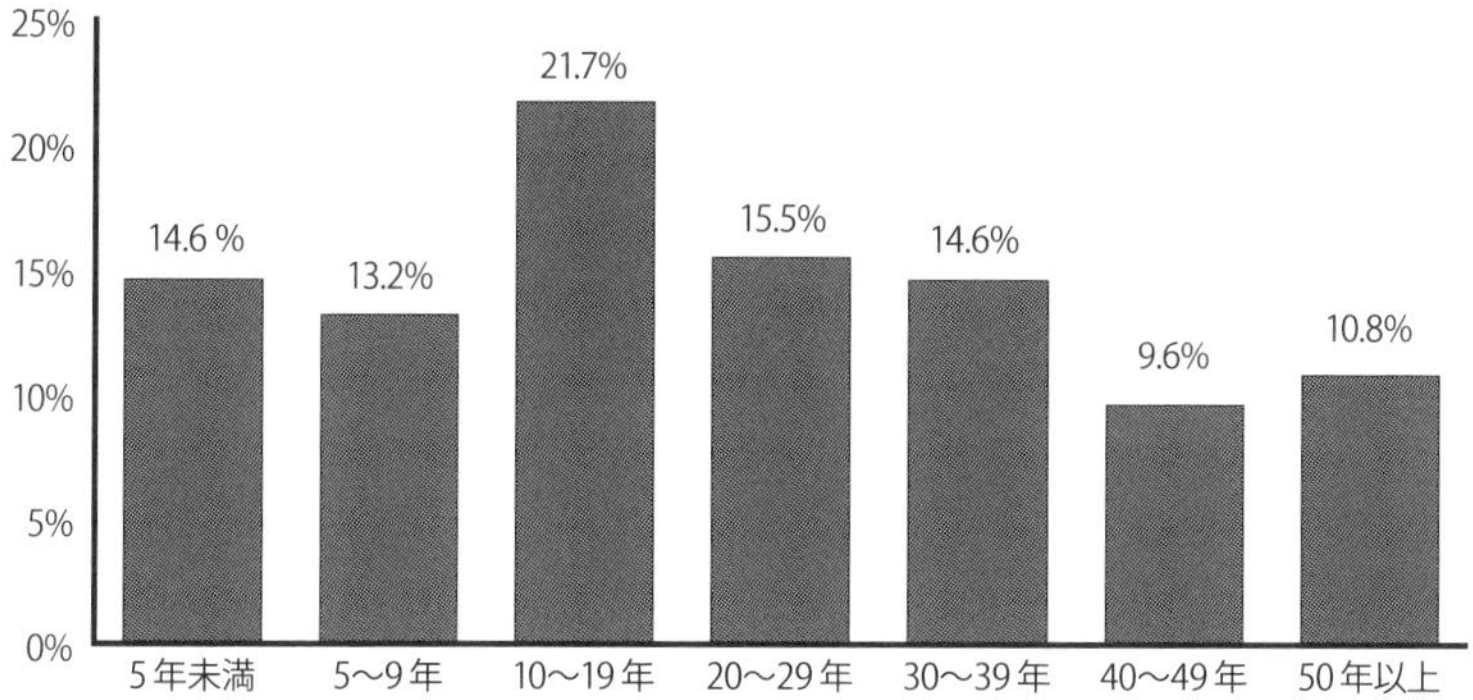

資料：（株）東京商工リサーチ「2020年「休廃業・解散企業」動向調査」

2. 会社をたたむきっかけは

会社をたたむのは赤字や業績不振だけが原因か

次のグラフをみてもわかるとおり、休廃業・解散した企業の業績は、２０１４年以降一貫して約６割の企業が黒字となっています。また、利益率が５％以上の高利益率の企業がこれらの企業全体の４分の１程度となっており、業績不振の企業だけでなく、高い利益率の企業も一定数廃業していることがわかります。

このように、赤字や業績不振だけが会社をたたむ理由ではなく、それ以外の理由でも多くの企業が決断をしています。また、ある程度の業績をあげながら余力のあるうちに会社をたたむ決断をしている経営者が多く存在しているようです。

休廃業・解散企業の損益別構成比

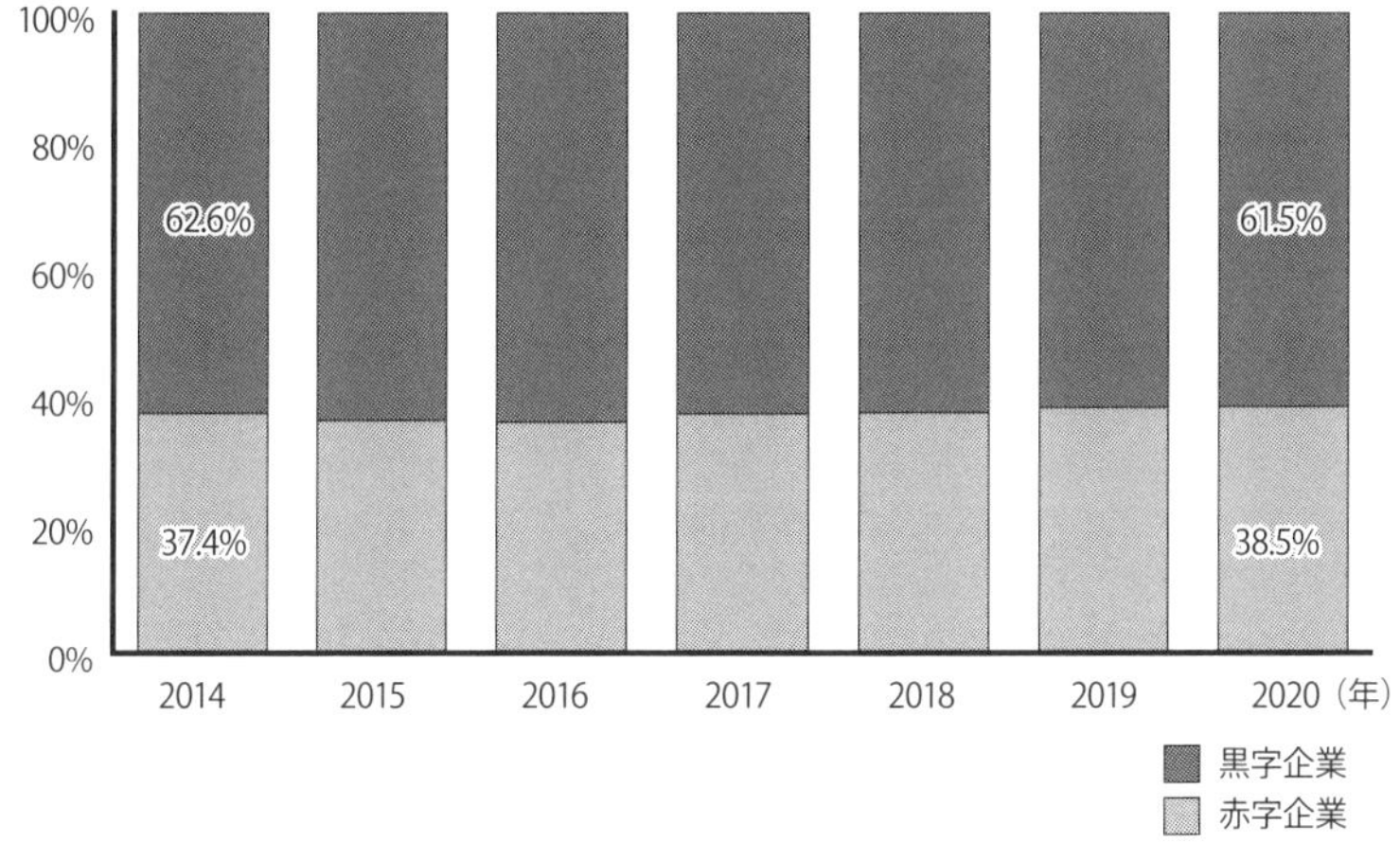

資料：（株）東京商工リサーチ「2020年「休廃業・解散企業」動向調査」
（注）損益は休廃業・解散する直前期の決算の当期純利益に基づいている。なお、ここでいう直前期の決算は休廃業・解散から最大2年の業績データを遡り、最新のものを採用している。

休廃業・解散企業の売上高当期純利益率

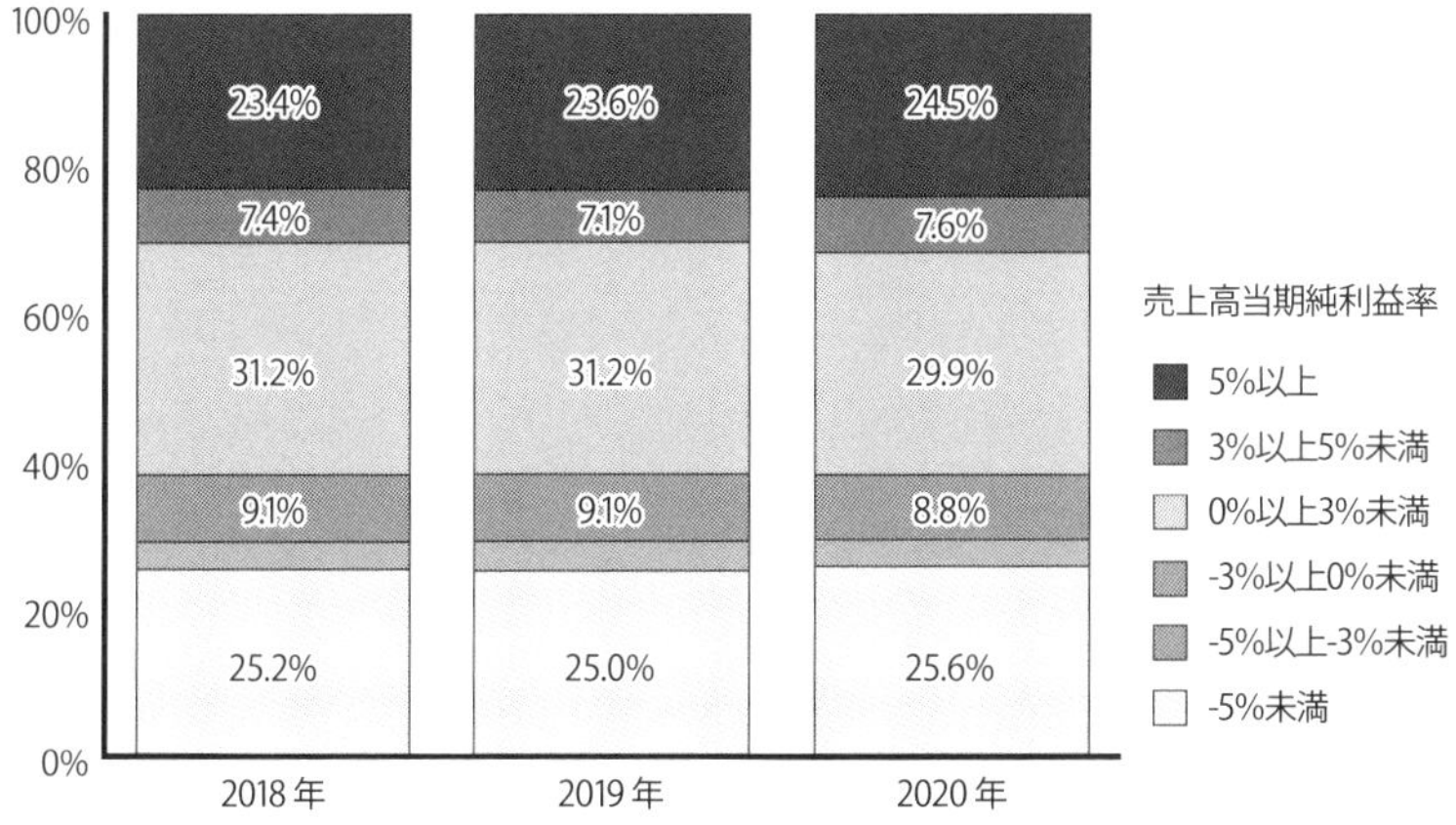

資料：（株）東京商工リサーチ「2020年「休廃業・解散企業」動向調査」再編加工

会社をたたむ理由は

会社をたたむ決断をする理由としては、一般的には「経営者自身の高齢化や健康問題」と「事業の不振」があげられます。

次のグラフは、「廃業した経営者が事業を継続しなかった理由」についてみたものです。これによると、「もともと自分の代で畳むつもりだった」が最も多く、廃業した経営者の半数以上は、事業を次の世代へ引き継ぐ意思がなかったということがわかります。次いで、「事業の将来性が見通せなかった」、「資質がある後継者候補がいなかった」とする回答が多いです。これらを選択した企業の中には、早期の経営改善の取り組みや後継者探し、育成の取り組み、またはM＆Aの可能性の模索をしていれば、事業を継続する選択肢があった可能性もあります。

また、次のグラフは、経営者引退を決断した理由を示したものですが、これによると事業承継した経営者が引退を決断した理由は、「後継者の決定」、「後継者の成熟」が多くあげられます。一方、廃業した経営者の引退を決断した理由は、「業績の悪化（事業の見通しがたたない）」が多くなっています。両者に共通する理由には、「経営者本人の高齢化・健康上の理由」、「想定引退年齢への到達」としたものが多いです。

事業を継続しなかった理由

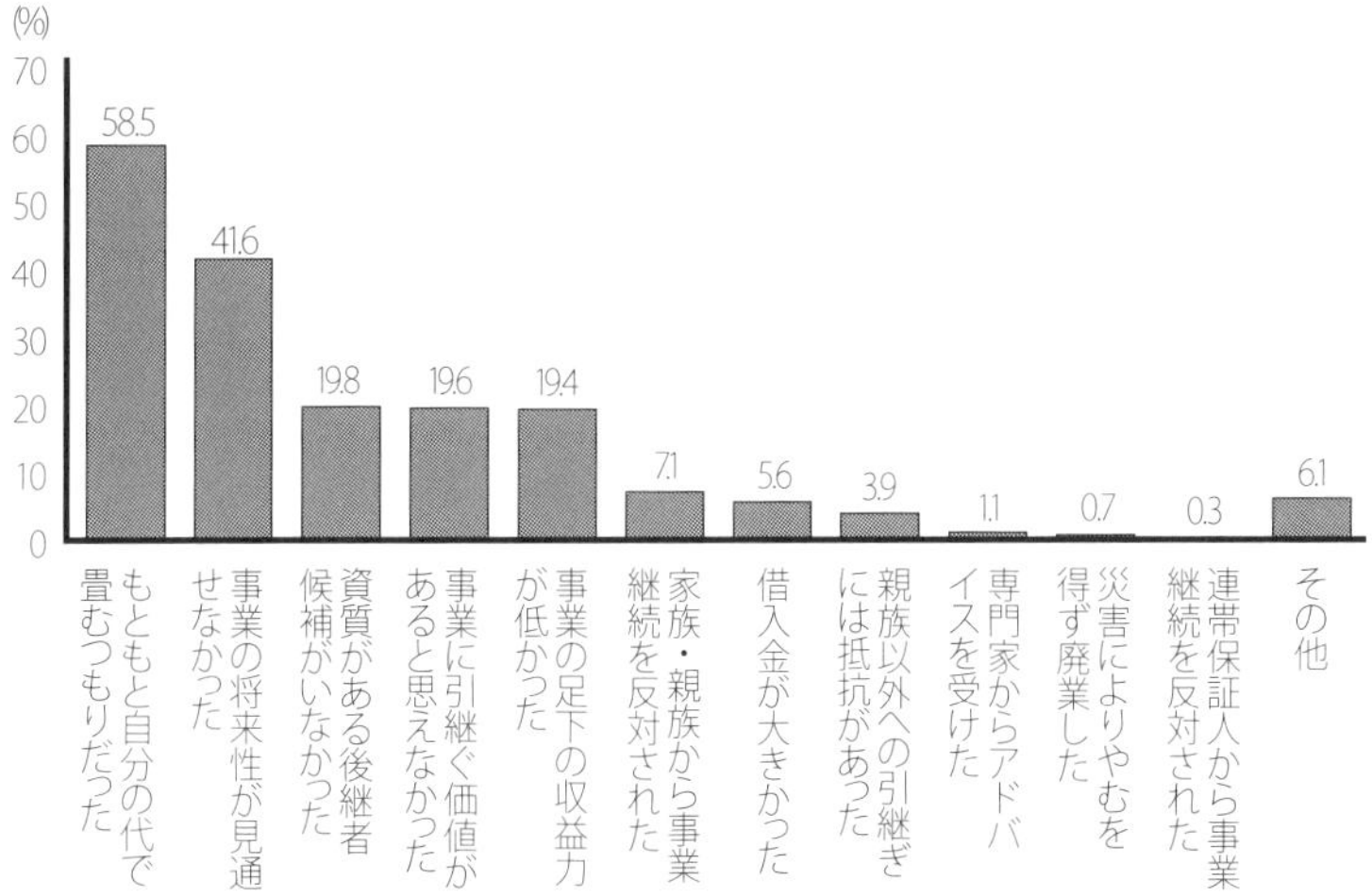

資料：みずほ情報総研（株）「中小企業・小規模事業者の次世代への承継及び経営者の引退に関する調査」(2018年12月)
（注）1．引退後の事業継続について「継続していない」と回答した者について集計している。2．複数回答のため、合計は必ずしも100％にはならない。

経営者引退を決断した理由

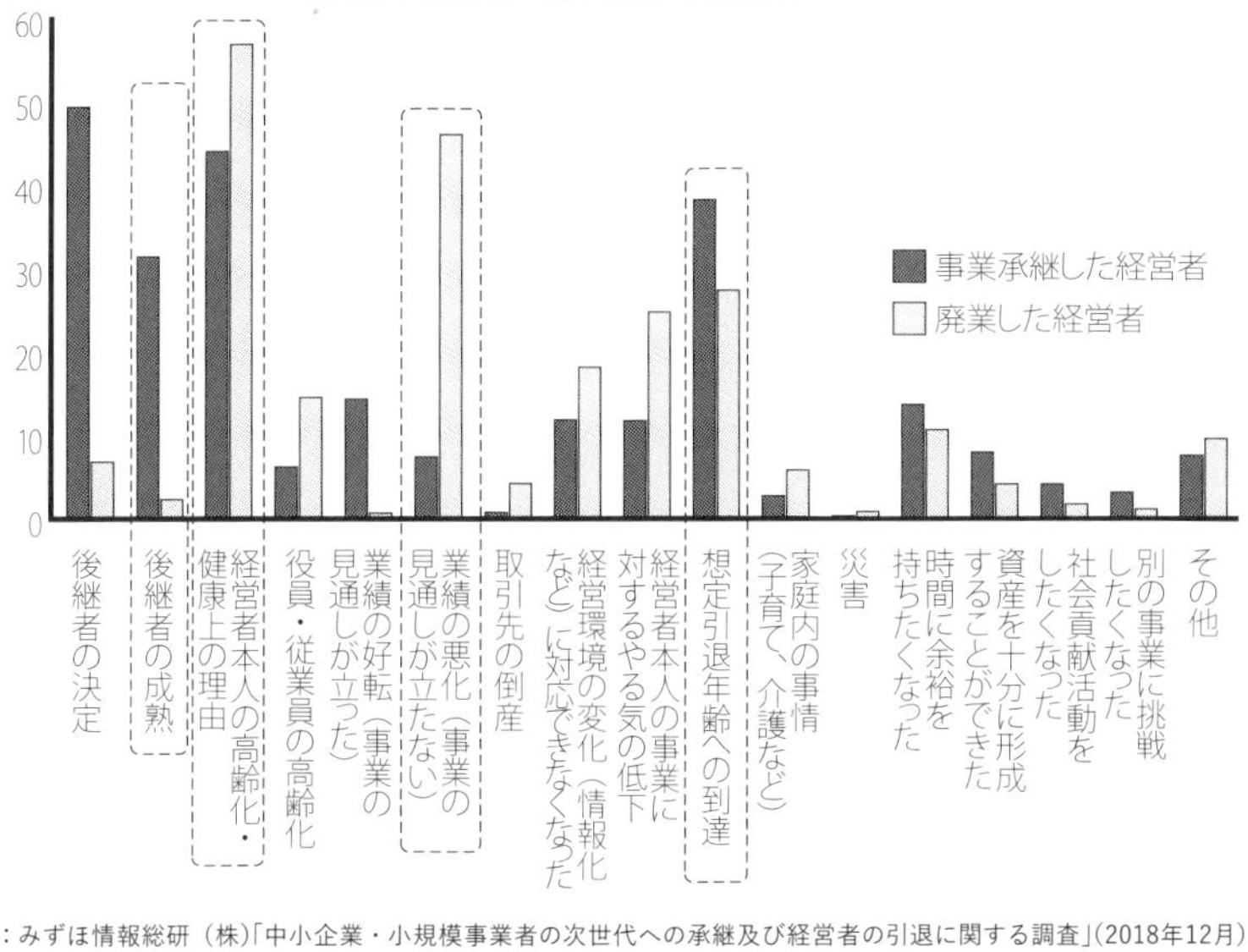

資料：みずほ情報総研（株）「中小企業・小規模事業者の次世代への承継及び経営者の引退に関する調査」(2018年12月)
（注）1．ここでいう「事業承継した経営者」とは、引退後の事業継続について「事業の全部が継続している」、「事業の一部が継続している」と回答した者をいう。2．ここでいう「廃業した経営者」とは、引退後の事業継続について「継続していない」と回答した者をいう。3．複数回答のため、合計は必ずしも100％にならない。

3. 会社をたたむタイミングは

経営者が会社をたたみ引退するための準備期間はどれくらい必要なのでしょうか。

次のグラフは、経営者が引退を決断してから、実際に引退するまでの期間を示したものです。

これによると、事業承継した経営者に比べ、廃業した経営者のほうが、引退するまでの準備期間が短い傾向にあります。

また、次のグラフは、経営者が引退するための準備期間の過不足感を示したものですが、これによると事業承継した経営者、廃業した経営者ともにおおむね準備期間が短いほど、「時間が足りなかった」とする割合が多いです。

このことから、後でも説明しますが、会社をたたむには、検討することや準備することがたくさんあり、短期間で簡単にすませることは難しいので、充分に時間をとって、早めの取り組みが必要となります。

経営者引退を決断してから、実際に引退するまでの期間

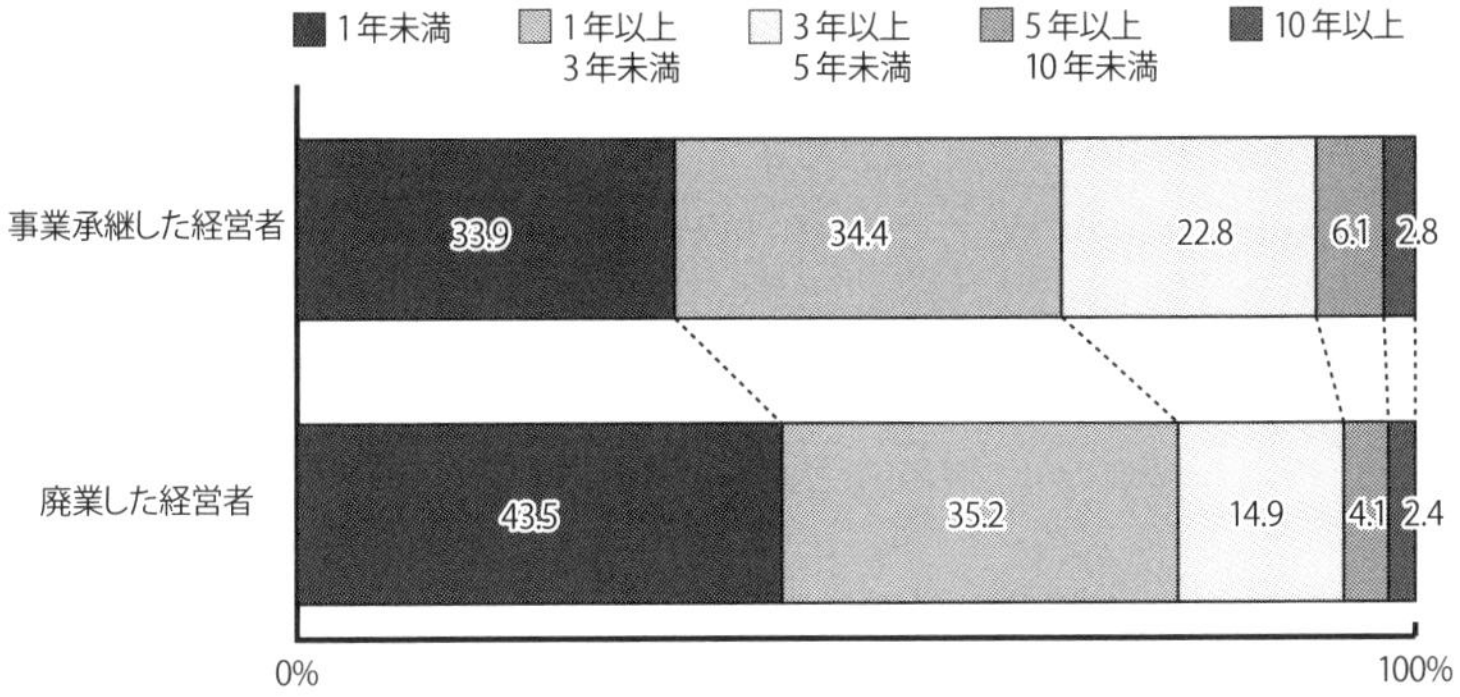

資料：みずほ情報総研（株）「中小企業・小規模事業者の次世代への承継及び経営者の引退に関する調査」（2018年12月）
（注）1．ここでいう「事業承継した経営者」とは、引退後の事業継続について「事業の全部が継続している」、「事業の一部が継続している」と回答した者をいう。2．ここでいう「廃業した経営者」とは、引退後の事業継続について「継続していない」と回答した者をいう。

経営者引退の準備期間別の過不足感

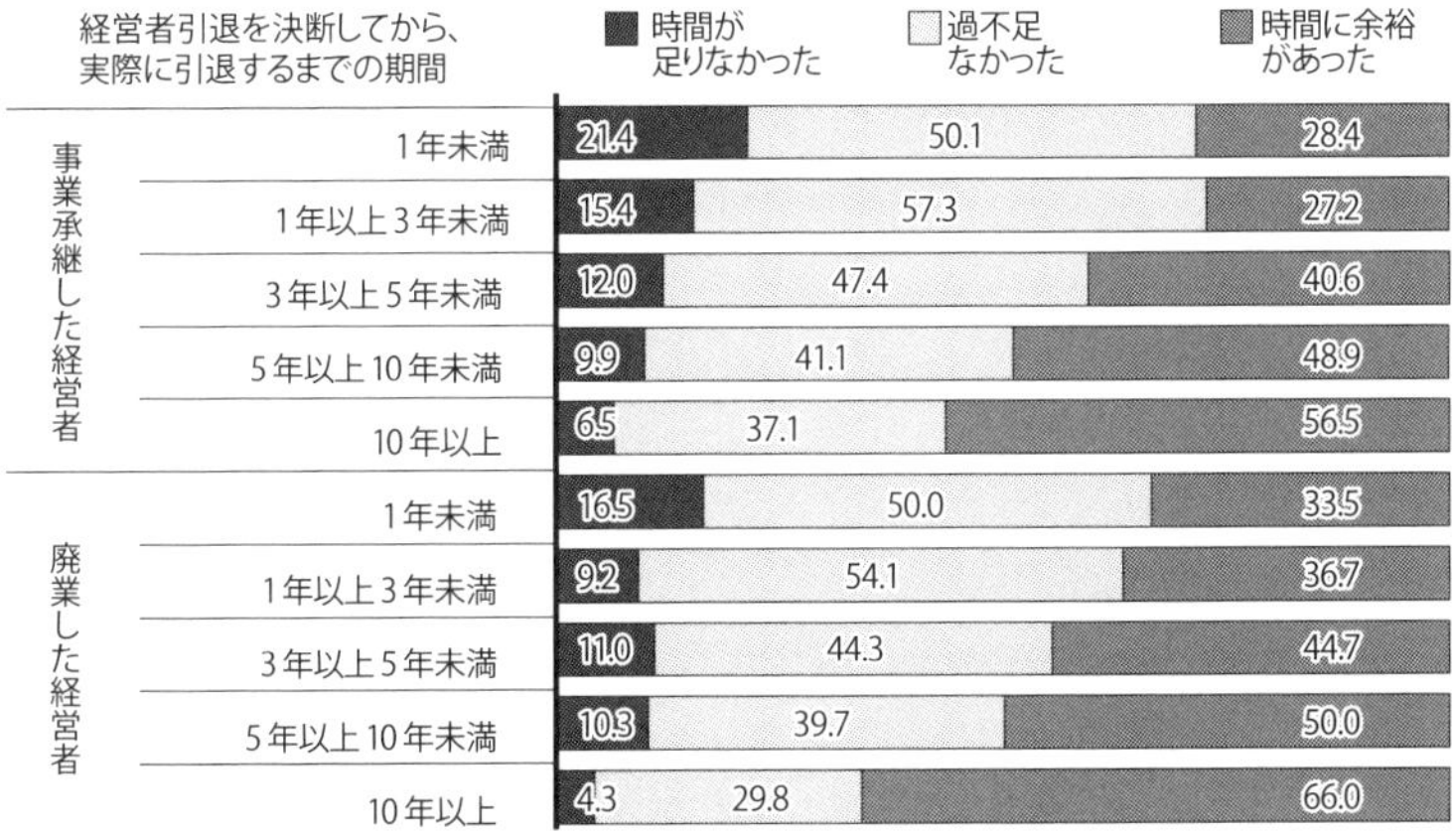

資料：みずほ情報総研（株）「中小企業・小規模事業者の次世代への承継及び経営者の引退に関する調査」（2018年12月）
（注）1．ここでいう「事業承継した経営者」とは、引退後の事業継続について「事業の全部が継続している」、「事業の一部が継続している」と回答した者をいう。2．ここでいう「廃業した経営者」とは、引退後の事業継続について「継続していない」と回答した者をいう。3．経営者引退の準備期間とは、経営者引退を決断してから、実際に引退するまでの期間をいう。

4. 会社をたたむときにどんな問題があるか

会社をたたむに際しては、自分や家族、従業員や取引先など会社をとりまく関係者に及ぼす影響は大きく、その心配事は様々です。

事業を承継や廃業をする際、経営者の多くは、従業員や取引先・得意先などのステークホルダーへの影響の他、自分が経営から離れた後の自身の収入や引退後の時間の近い方を心配する傾向にあるようです。

次のグラフは、経営者の引退決断時の懸念事項と、引退してからその後、実際に何が問題になったかを示したものです。

実際に問題になったこととしては、「自分の収入の減少」が多く、「後継者の経営能力」や「従業員への影響」、「顧客や販売・受注先への影響」は大きく減少しています。

次に廃業した経営者では、実際に問題になったこととしては、「自身の収入の減少」が最も多くなっていますが、「顧客や販売・受注先への影響」、「従業員への影響」は決断時に心配していた割合に比べ、実際に問題になった割合は低くなっています。

経営者引退決断時の「懸念事項」と経営者引退に際し「実際に問題になったこと（事業承継した経営者）

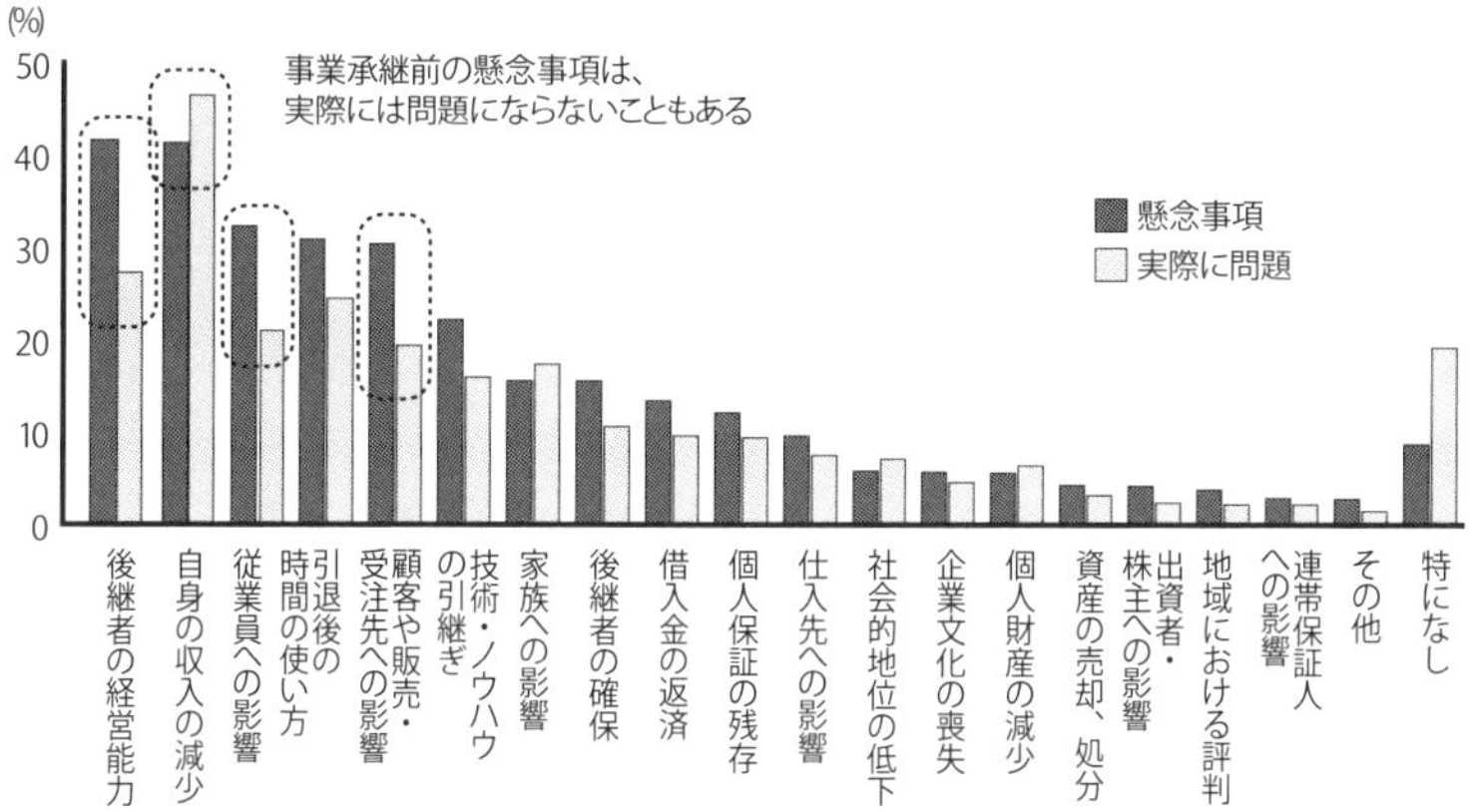

資料：みずほ情報総研（株)「中小企業・小規模事業者の次世代への承継及び経営者の引退に関する調査」(2018年12月）
（注）1．ここでいう「事業承継した経営者」とは、引退後の事業継続について「事業の全部が継続している」、「事業の一部が継続している」と回答した者をいう。2．複数回答のため、合計は必ずしも100％にならない。

経営者引退決断時の「懸念事項」と経営者引退に際し「実際に問題になったこと（廃業した経営者）

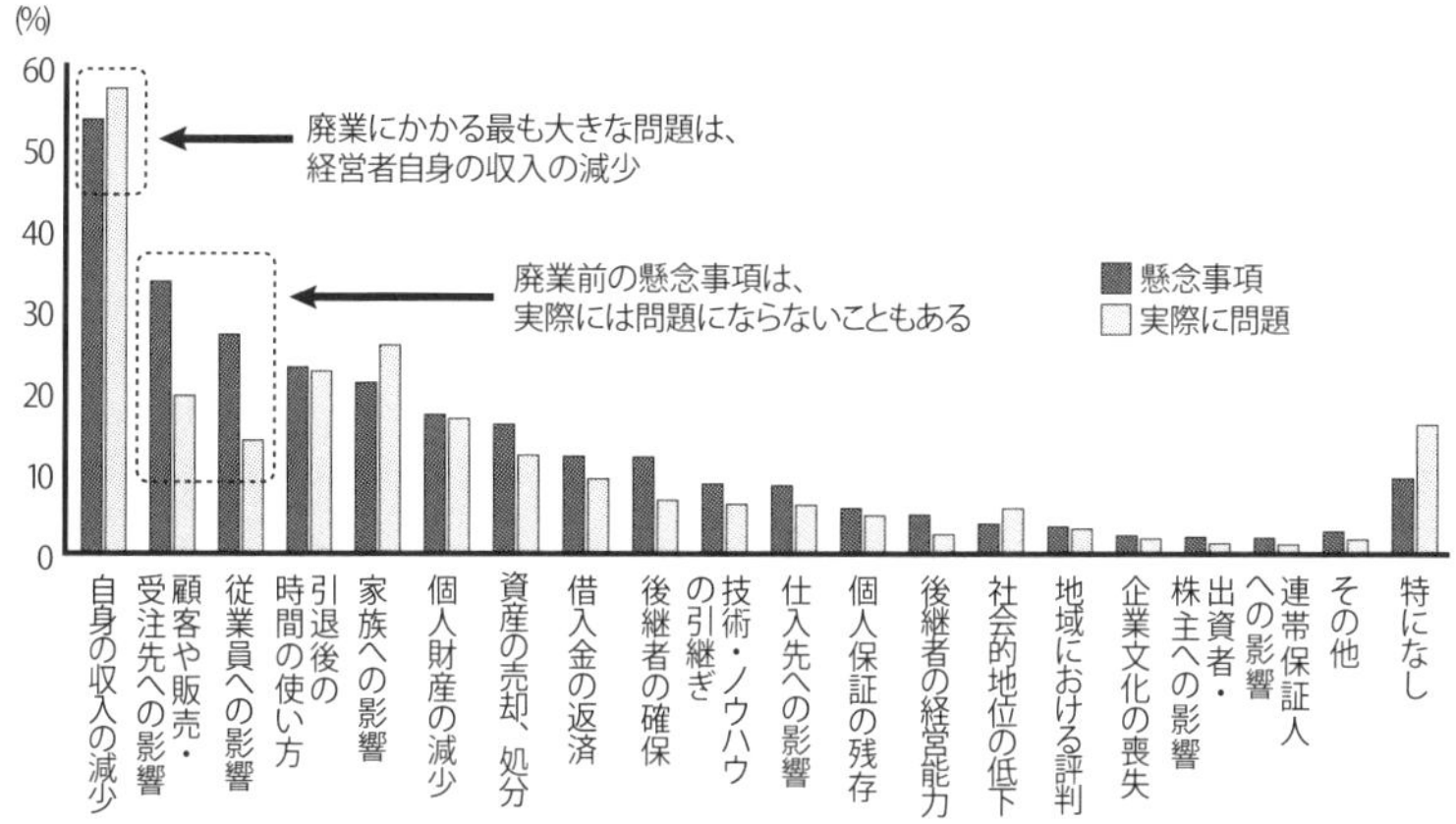

資料：みずほ情報総研（株)「中小企業・小規模事業者の次世代への承継及び経営者の引退に関する調査」(2018年12月）
（注）1．ここでいう「廃業した経営者」とは、引退後の事業継続について「継続していない」と回答した者をいう。2．複数回答のため、合計は必ずしも100％にならない。

このことから引退に向けた準備は重要である一方、心配ごとは実際には起こらないこともあるため、過度な心配は不要ともいえるでしょう。心配ばかりして、なかなか会社をたたむ決断が遅れたり、準備活動が遅れたりして、先延ばしにならないよう心掛けたいものです。

5．会社をたたむときの相談相手は

経営者が引退に向けて相談した相手については、事業承継した経営者、廃業した経営者ともに、「家族・親族」や「後継者」など、関係が近しい相手への相談が中心になっています。

一方、「外部の専門機関・専門家」は3番目になっており、その内訳は、事業承継や廃業にかかる手続きを行う上で接点の多い、「公認会計士・税理士」を相談相手とする割合が最も多くなっています。次いで、「取引先金融機関」への相談が多く、他の専門機関・専門家への相談はそれほど行われていないようです。会社をたたむときの心配事は様々であることから、それを解決するためには、それぞれの事案に応じた専門機関・専門家の助力が重要であると思われます。

一般的に会社をたたむ際に相談する外部の専門家としては、「税理士」、「公認会計士」、「弁護士」、「司法書士」、「行政書士」、「社会保険労務士」、「中小企業診断士」、「商工会議所・商工会」、「各地方自治体の事業支援窓口（よろず支援拠点）」、「M&Aコンサルタント（経営コンサルタント）」などが挙げられます。

経営者引退に向けて相談した相手

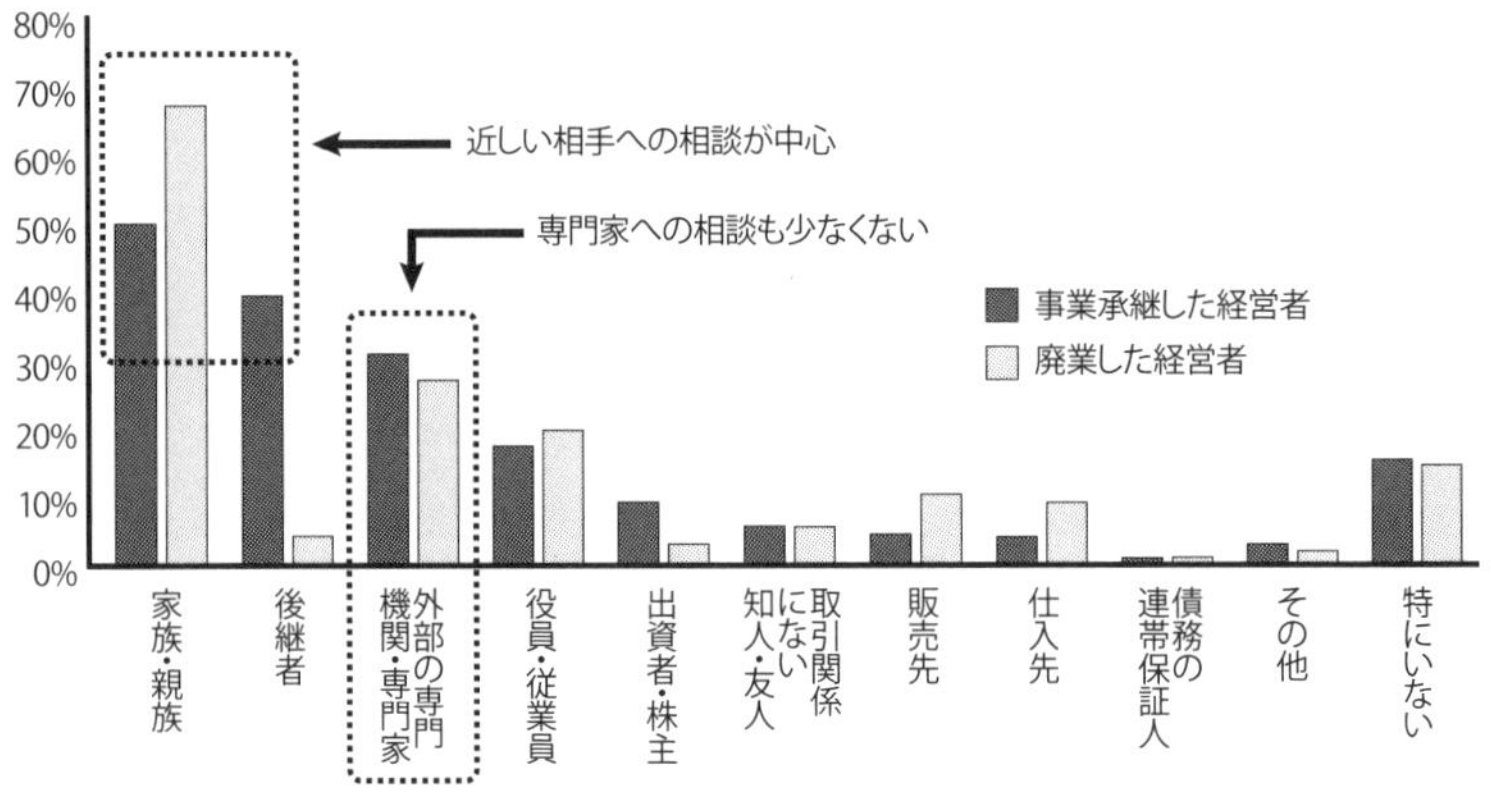

資料：みずほ情報総研（株）「中小企業・小規模事業者の次世代への承継及び経営者の引退に関する調査」(2018年12月)
（注）1. ここでいう「事業承継した経営者」とは、引退後の事業継続について「事業の全部が継続している」、「事業の一部が継続している」と回答した者をいう。2. ここでいう「廃業した経営者」とは、引退後の事業継続について「継続していない」と回答した者をいう。 3. 複数回答のため、合計は必ずしも100%にならない。

経営者引退に向けて相談した専門機関・専門家

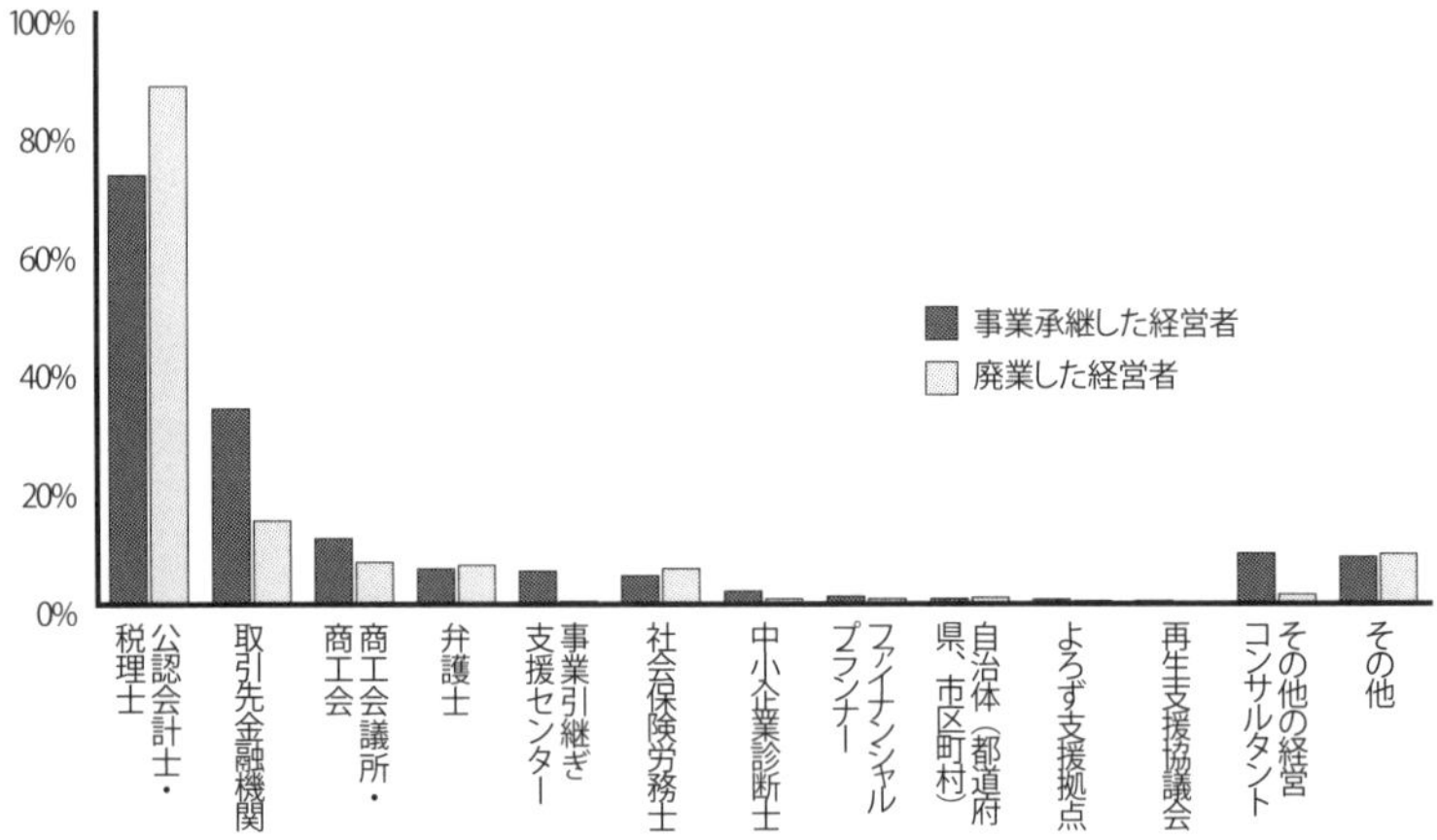

資料：みずほ情報総研（株）「中小企業・小規模事業者の次世代への承継及び経営者の引退に関する調査」(2018年12月)
（注）1. ここでいう「事業承継した経営者」とは、引退後の事業継続について「事業の全部が継続している」、「事業の一部が継続している」と回答した者をいう。 2. ここでいう「廃業した経営者」とは、引退後の事業継続について「継続していない」と回答した者をいう。 3. 複数回答のため、合計は必ずしも100%にならない。 4. 経営者引退について相談した相手として、「外部の専門機関・専門家」と回答した者について集計している。

経営者引退に向けて相談したことで最も役に立ったこと

	第1位	第2位	第3位
公認会計士・税理士	引退するまでの手順や計画を整理できた（50.7%）	事業継続の可否を決定することができた（15.0%）	税の手続きを知ることができた（14.3%）
取引先金融機関	事業の引継ぎ先を見つけることができた（32.9%）	引退するまでの手順や計画を整理できた（17.8%）	事業継続の可否を決定することができた（13.7%）
商工会議所・商工会	引退するまでの手順や計画を整理できた（44.4%）	事業継続の可否を決定することができた（19.4%）	後継者を確保できた（16.7%）
弁護士	引退するまでの手順や計画を整理できた（36.4%）	事業継続の可否を決定することができた（18.2%）	借入金の返済方法を相談できた（13.6%）
事業引継ぎ支援センター	事業の引継ぎ先を見つけることができた（47.1%）	引退するまでの手順や計画を整理できた（23.5%）	事業継続の可否を決定することができた（17.6%）

資料：みずほ情報総研（株)「中小企業・小規模事業者の次世代への承継及び経営者の引退に関する調査」(2018年12月)
（注）1. 経営者引退について相談した相手として「外部の専門機関・専門家」と回答し、かつ、最も役立った専門機関・専門家について回答した者について集計している。2.「特になし」を除いて集計している。

専門家一覧

名称	専門内容	相談・依頼する内容	問い合わせ先
公認会計士	企業の監査と会計の専門家	会社の財務状況を分析し、会社清算や事業承継の会計・法律業務全般を相談する	日本公認会計士協会 https://jicpa.or.jp/
税理士	税務や会計業務の専門家	会社をたたむ際に必要な会計・清算業務や税務申告業務を代行する	日本税理士会連合会 https://www.nichizeiren.or.jp/
弁護士	法律業務全般に関する専門家	会社をたたむ際の破産手続きなどにおいて裁判所や債権者との交渉などの手続き全般を代行する	日本弁護士連合会 https://www.nichibenren.or.jp/
司法書士	登記、供託、訴訟などの法律事務の専門家	会社解散などの商業登記に必要な手続きを代行する	日本司法書士会連合会 https://www.shiho-shoshi.or.jp/
社会保険労務士	企業における労働・社会保険に関する法律の専門家	会社解散による解雇手続きや退職金支払いの手続きを代行する	全国社会保険労務士会連合会 https://www.shakaihokenroumushi.jp/
中小企業診断士	中小企業の経営判断に対応するための診断・助言を行う専門家	会社の事業性の評価を行い、事業継続の是非について相談する	一般社団法人中小企業診断協会 https://www.j-smeca.jp/
商工会議所・商工会	地域の経営者や個人事業主で組織される公益的な経済団体	廃業を含めた経営全般について支援する	日本商工会議所 https://www.jcci.or.jp/
よろず支援拠点	各市区町村に設置された中小企業・小規模事業主創業予定者のための無料経営相談所	在籍する多様な分野の専門家が経営全般について相談する	よろず支援拠点全国本部 https://yorozu.smrj.go.jp/

６．会社をたたむときにかかる費用は

会社をたたむときにどれくらいの費用がかかるのでしょうか。

次のグラフは廃業のために必要となった費用の内容を示したものですが、「登記や法手続きなどの費用」が最も多く、次いで「設備の処分費用」、「従業員の退職金」、「在庫処分費用」の順となっています。会社をたたむには様々な手続きが必要であり、それに伴い様々な内容の費用が発生します。

また、廃業の費用総額については、１００万円以上の費用がかかった割合が３６．３％に及びます。

一方、会社をたたむ際に経営資源を引き継いだ者のうち、有償で引き継いだ者は６０．８％になり、さらにその中でも１００万円以上の対価を受け取った者は４割を超えています。

このことから、会社をたたむ際には様々な費用が発生しますが、Ｍ＆Ａはもちろんのこと、何らかの形で会社の経営資源を売却することができれば、廃業費用の一部を賄うことも可能だということがわかります。

廃業のために必要となった費用の内容

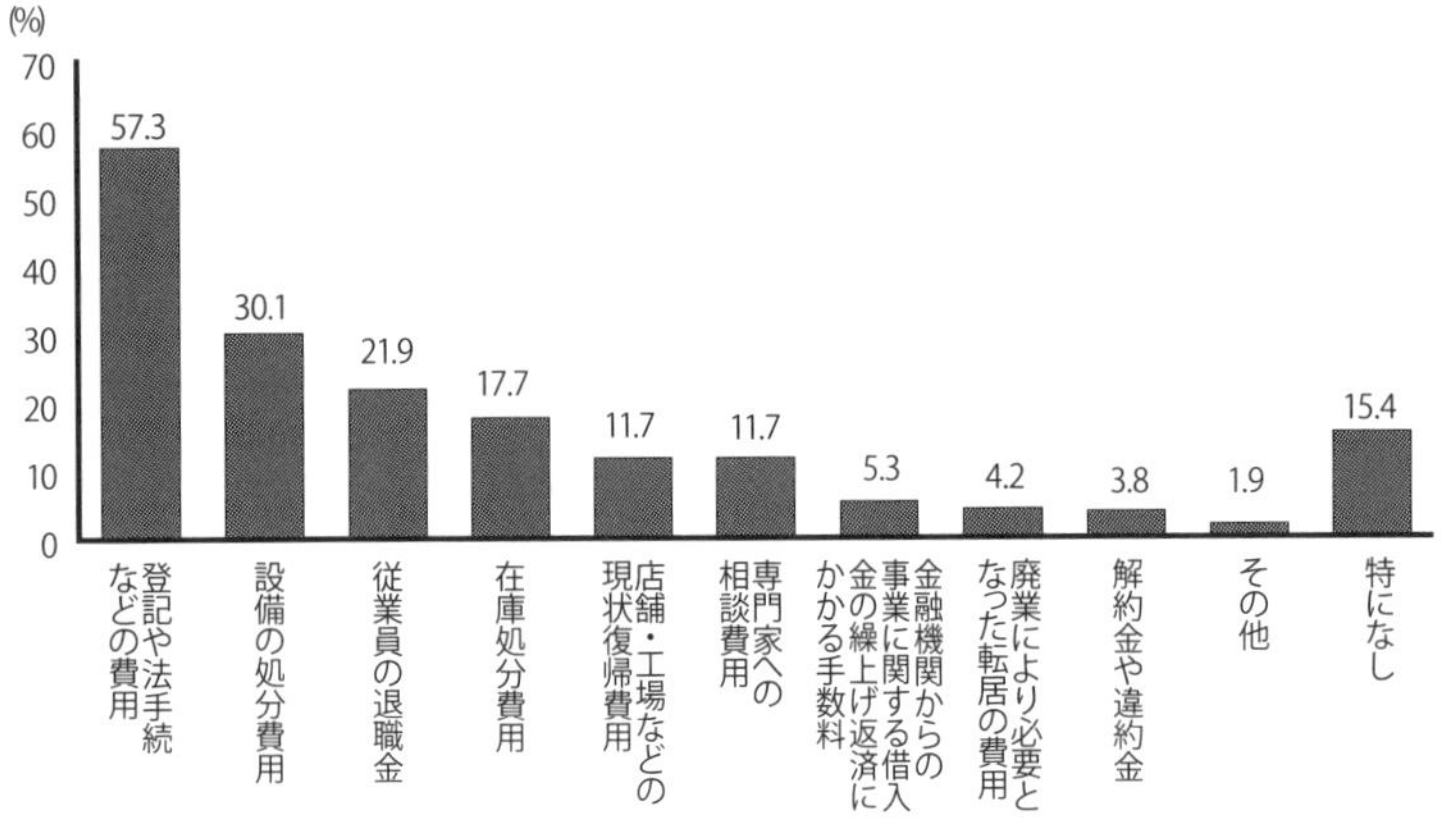

資料：みずほ情報総研（株）「中小企業・小規模事業者の次世代への承継及び経営者の引退に関する調査」(2018年12月)
(注) 1. 引退後の事業継続について「継続していない」と回答した者について集計している。2. 複数回答（高額なもの上位3つまで）のため、合計は必ずしも100%にはならない。

廃業の費用総額

経営資源を引き継いだ際の対価の総額

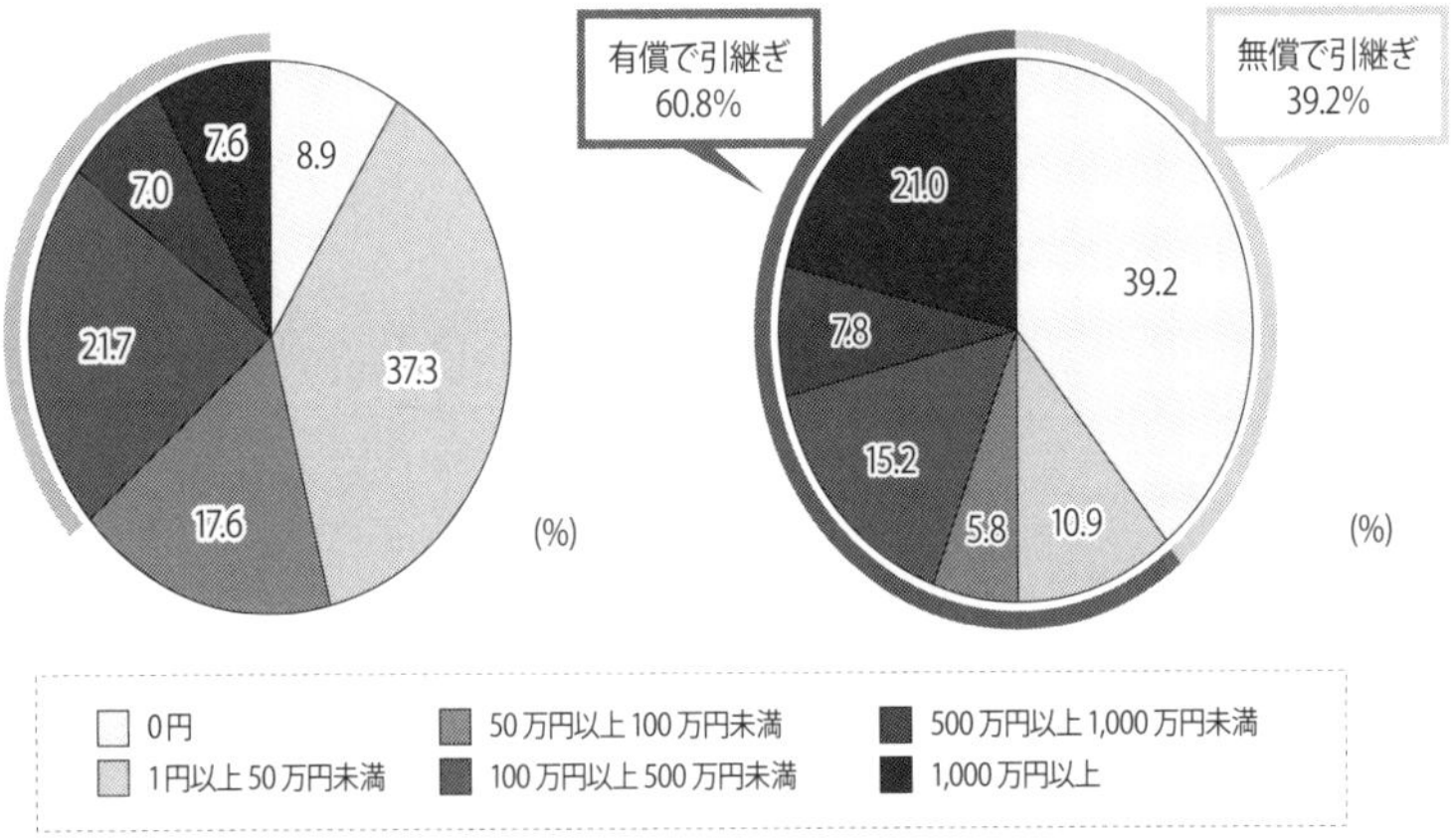

資料：みずほ情報総研（株）「中小企業・小規模事業者の次世代への承継及び経営者の引退に関する調査」(2018年12月)
(注)引退後の事業継続について「継続していない」と回答した者について集計している。

資料：みずほ情報総研（株）「中小企業・小規模事業者の次世代への承継及び経営者の引退に関する調査」(2018年12月)
(注)引退後の事業継続について「継続していない」と回答し、かつ、何らかの経営資源の引継ぎを「行った」と回答した者について集計している。

7. 会社をたたむ検討や決断は早めに

以上、会社をたたもうと思ったときに検討すべきことを説明してきました。

会社はなまもので、資産、社員、取引先、ノウハウ、信用など様々な有形・無形のもので構成されており、傷みやすく劣化が早いものですから、適切なタイミングで処理をしないと、その会社の価値は一気に下落してしまいます。

したがって会社をたたむ決断が遅れると、自主的に負債を清算する余力がなくなり、破産に追い込まれる可能性も高くなります。その結果、仕入れ先の買掛金、取引先の未払金、社員への給与・退職金、金融機関への借入金返済、税金、社会保険料などの債務が完済できなくなり、多くの関係者に迷惑をかけることになります。

会社に余裕のあるうちの決断が、周囲を、そして自分を救うことになるのです。経済的、精神的に余裕があるうちに会社をたたむことによって、負担を最小限におさえ、最大限の回収を図り、経営者としての最後の大仕事、「会社をたたむ」を成功させましょう。

コラム1 新型コロナウイルスの経営に対する影響は

前述したように、中小企業庁の「2020年版中小企業白書」によると、平成28年以降、我が国企業の休廃業・解散件数は、年4万件以上という規模で推移しています。こうした中で、新型コロナウイルス感染症の蔓延は、中小企業の経営を急速に悪化させています。独立行政法人中小企業基盤整備機構による中小企業景況調査（令和2年4－6月期）によれば、「マイナスの影響があった」と回答した企業は、前期1232件から今期3654件と実に約3倍に増加しています。また株式会社東京商工リサーチの「全国企業倒産状況」によると、令和2年上半期（1―6月）における倒産件数は4001件であるところ、このうち「新型コロナウイルス感染症」関連の倒産が240件を占めるようです。

こうした状況を受けて、令和2年の休廃業・解散は、株式会社東京商工リサーチの調査の結果、4万9698件にも及んだことが判明しました。経営者の高齢化や人材不足で事業承継問題が深刻化し、平成28年から休廃業と解散は年4万件以上の高水準で推移してきましたが、そこに新型コロナによる需要減が追い打ちとなり、令和2年の休廃業と解散の件数は令和元年比の約15％増という結果になりました。また、コロナ禍を受けた中小零細企業が自主的な休廃業を選択する理由としては以下の事情が挙げられています。

⑴ 新型コロナ感染症がもたらす変化に対応するための投資のハードルが高い
⑵ 資金繰りの維持や新規投資のための借入債務の増加への抵抗感が強い
⑶ 高齢化した経営者の廃業の決断を新型コロナが後押しする側面がある

このような事情のもと、多くは倒産状態に至る前に単純廃業を選択するのです。

またコロナ禍にかかわらず、廃業するメリットとしては、以下のような点が挙げられており、これらのメリットゆえに廃業が多く選択されているものと思われます。

⑴ 債務超過に陥る前に早期に廃業した場合には手元に財産を残すことが可能である
⑵ 家業・会社を守るとか、従業員の雇用維持や取引先・顧客との関係維持といったプレッシャーから解放される
⑶ 納税負担や雇用保険等の社会保険の負担からも解放される

⑷ 資金繰りに苦労する負担から解放される
⑸ 金融機関からの借入れを行うために負担する債務保証責任から解放される

政府や自治体による補助金・助成金等の経済支援策が功を奏し、令和2年の企業の倒産件数は7773件（前年比7・2%減）と2年ぶりに減少しました。しかし、今後はコロナ禍前の需要が戻る見込みが立たず、経済支援策が縮減していくに伴って倒産件数は増加していく見方もあります。近い将来、体力のない中小企業の多くは、重大な選択を迫られることになるかもしれません。

第2章　「会社のたたみ方」の方法は

1．会社をたたむときの選択肢は

ひとくちに会社をたたむといっても、状況によりいくつかのパターンに分かれます。

まずは、経営状況を考えたうえで、会社を「解散」するか、「承継」するかに分かれます。どちらの手段をとるかは、その会社の事業を継続できる見込みがあるかどうかで判断します。たとえば、経営状況は先行き不安であるものの、当面の運転資金はなんとか準備でき、後継者さえ見つかれば事業を継続できる見込みがあるのであれば「承継」の手段を検討することになり、その見込みがないのであれば「解散」の手段を検討することになります。

次に「解散」を選択した場合には、その時点での会社の財務状況から、「通常清算」と「法的清算」に分かれ、さらに「法的清算」には「特別清算」と「破産」という手段に分かれます。

また、「承継」を選んだ場合には、「後継者がいる」か、「いない」かで分かれ、「いない」場合には「M＆A」といった第三者への事業承継の手段をとることになります。

このように会社をたたむ手段の選択肢としては、会社を解散する場合は通常清算、特別清算、破産があり、承継する場合で後継者いない場合にはM＆Aのような会社を売却する方法が挙げられます。

会社をたたむ選択肢

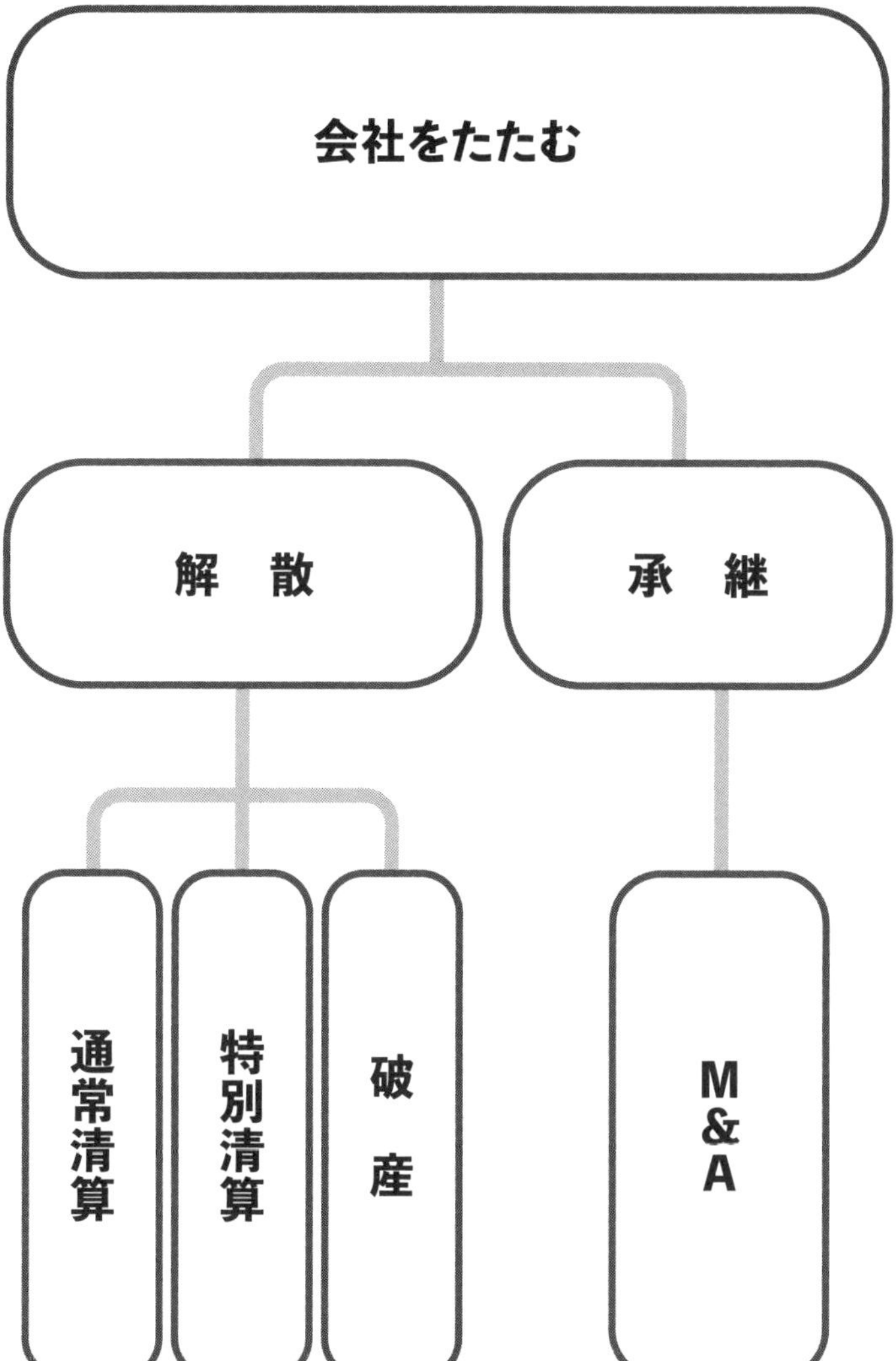

2．解散と承継のどちらを選択するか

会社をたたまざるを得ない状況に陥り、「解散」と「承継」のどちらの手段をとるかの判断をする重要なポイントは、前述したようにその会社の事業を継続できる見込みがあるかどうかです。継続できる見込みがあるのであれば、まずは「承継」を検討することになります。

ただし、この事業を継続できる見込みがあるかどうかは、会社やその事業によって異なり、一概に判断指標をお示しすることは困難ですが、一例として、現状黒字つまり営業利益を計上できているか、または赤字で営業利益を計上できていなくても、債務整理やコストカットすることによって、営業利益を計上することが可能であるかどうかで検討します。事業の商品やサービス、従業員のスキル、お客様や取引先の差別化等に高い付加価値が認められれば、営業利益の計上が見込めるわけで、これが見込めないのであれば、会社を継続しても早晩経営破綻に陥る可能性が高いので「承継」を選択することは難しく「解散」を検討せざるを得ないことになります。

「承継」か「解散」かの判断は、様々な観点から慎重に検討する必要があります。

解散か承継かの判断

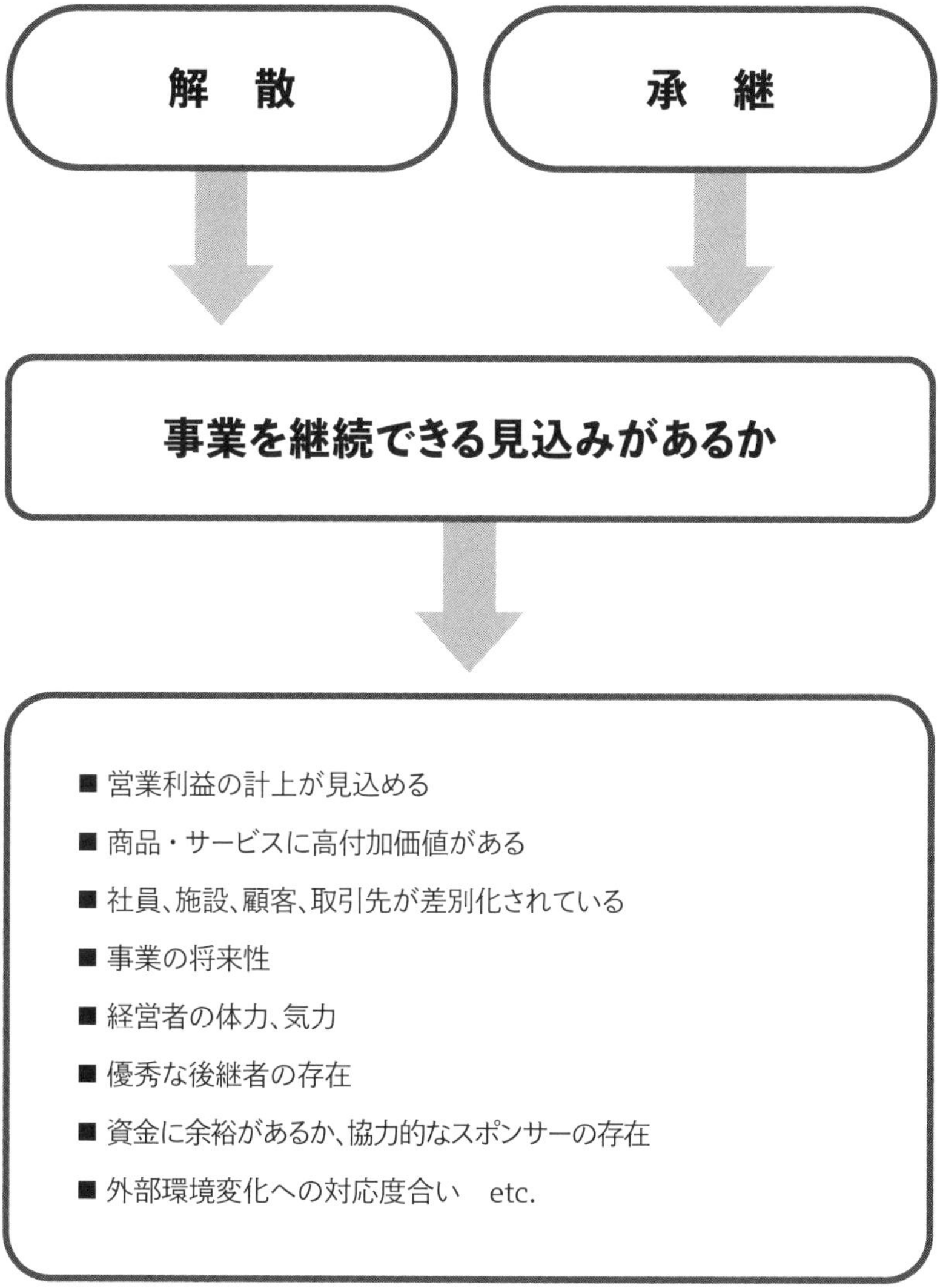
解　散
承　継
事業を継続できる見込みがあるか
■ 営業利益の計上が見込める
■ 商品・サービスに高付加価値がある
■ 社員、施設、顧客、取引先が差別化されている
■ 事業の将来性
■ 経営者の体力、気力
■ 優秀な後継者の存在
■ 資金に余裕があるか、協力的なスポンサーの存在
■ 外部環境変化への対応度合い　etc.

3. 解散するにはどんな方法があるのか

会社を解散するには、大きく分けて「通常清算（任意清算）」と「法的清算」のふたつの方法があります。

会社の財務状態に問題がなければ、債権者をはじめとする関係者との合意によって会社をたたむ「通常清算（任意清算）」の手続きが可能です。この「通常清算（任意清算）」は、民事再生法や破産法といった特別な法律に基づくものではなく、主に債権者を中心とする関係当事者の合意によって手続きが進められます。

一方、経営の悪化により財務状態が債務超過になると、「法的清算」の手続きで会社をたたまざるを得ず、文字通り法律に基づき必ず裁判所が関与し手続きが進められます。この「法的清算」には「特別清算」と「破産」の2種類があります。「特別清算」は、「破産」に比べ手続きが簡易・迅速で費用も安くすみますが、債権者の合意が必要となるため、多くの場合は「破産」により会社をたたむことになります。

解散の方法

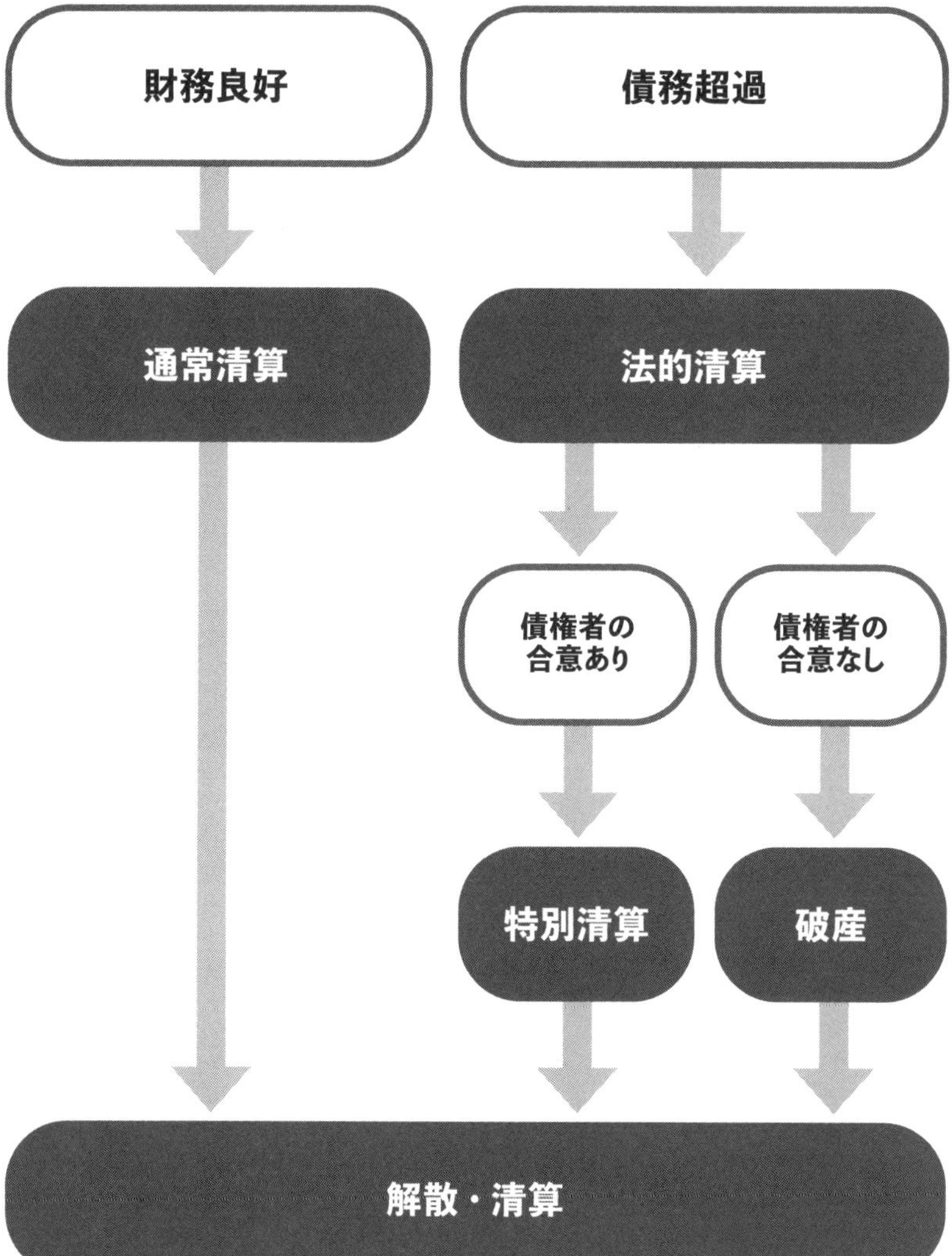

4. 承継にはどんな方法があるのか

会社や事業を継続する場合には、後継者がいれば、その方への事業承継手続きを行い、後継者がいなければいわゆるM&A（Mergers and Acquisitions）により会社または事業の一部を第三者に承継して会社をたたむことになります。

M&Aの方法は様々ですが、一般には、「株式譲渡」や「合併」、「事業譲渡」、「会社分割」の方法が用いられます。

「事業承継」は、単に会社を解散し、たたむだけではなく、会社や事業を他人に承継し、自らは経営から解放されるわけですから、その対価として事業の売却益を得ることができ、会社の技術やサービスが承継され、従業員の雇用を守り、お客様や取引先との関係も継続することができるなど多くのメリットがあります。

したがって、ご自身の会社をたたむ場合には、まずは第1章で触れた公認会計士や税理士、弁護士、商工会議所などに相談したうえで、たとえ後継者がいなくてもM&Aによる会社・事業の承継を検討することをお勧めします。

承継の方法

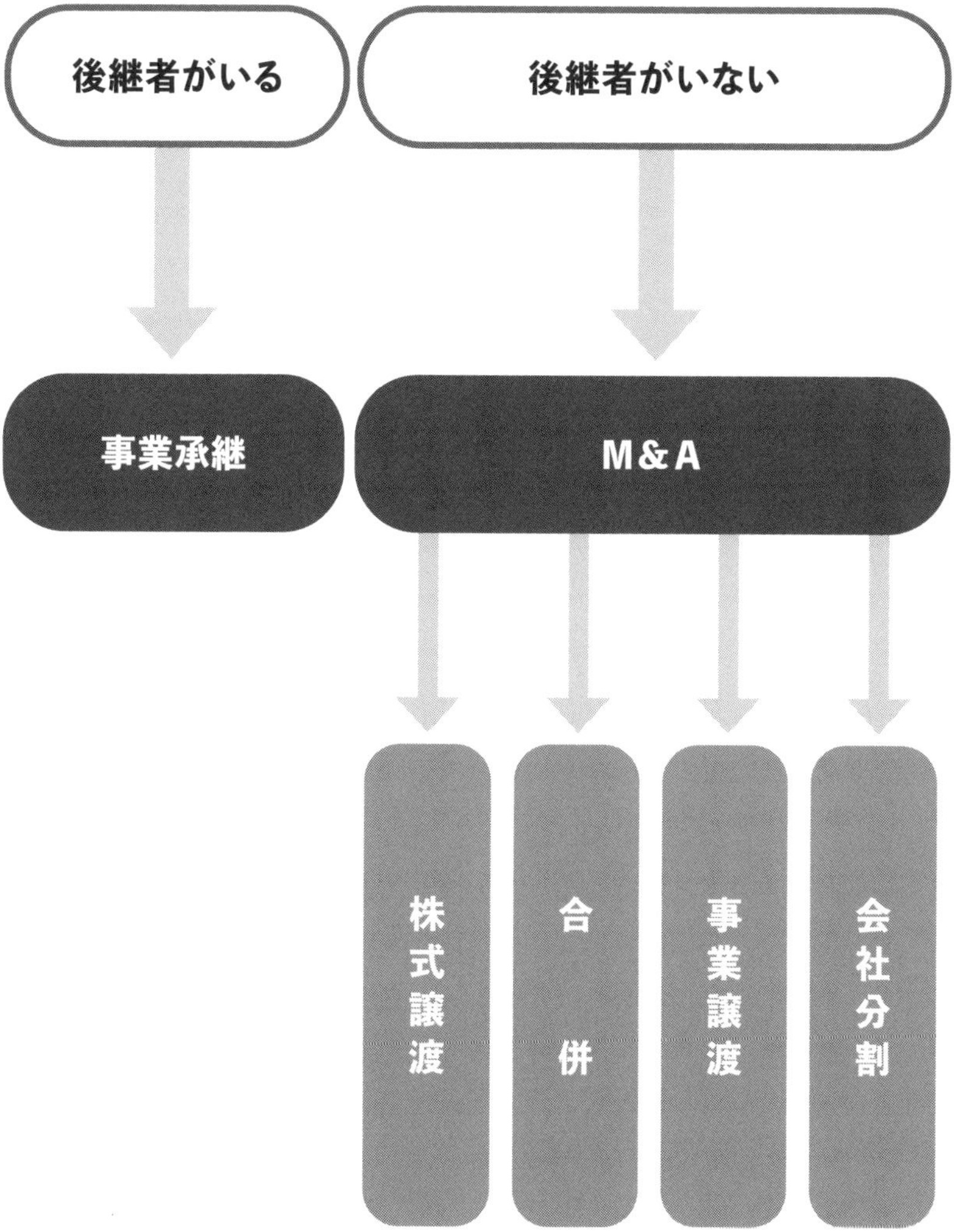

5．適切な方法を選択しましょう

これまで会社をたたむには、4つの方法（通常清算、特別清算、破産、M&A）があることを説明しました。

これら4つの方法について、どのようにすれば損失を最小限に抑え、資本を最大限に回収できるかをふまえながら、会社をたたむことを計画、実施していきます。状況や時期によってその判断はかわっていきますので、最適な時期に最適な方法を採用することになります。

会社は、社員、資産、取引先、技術・ノウハウ、信用など様々な有形・無形の要素で構成されており、適切なタイミングで最適な方法によって会社をたたまないと、自分だけでなく家族や、従業員、取引先など会社をとりまく関係者に多大な影響を与えることになりますので、的確に手続きを進めていきましょう。

会社をうまくたたむことが、あなたの社長としての最後で最大の大仕事です。これからそれぞれの方法について説明していきますので、最適な方法で会社のたたみ方を習得し、経営者として有終の美を飾りましょう。

コラム2 事業承継や廃業にあたっての意見（生声集）
―「2019年版中小企業白書」より―

本章の分析で用いた「中小企業・小規模事業者の次世代への承継及び経営者の引退に関する調査」では、引退した経営者から、事業承継や廃業に当たっての意見を聞いています。将来、事業承継や廃業を考えることになる現経営者などの参考として、意見の一部を紹介します。

・当初は60才で代表を退く予定であったが、後継者の引継ぎへの覚悟を待つ時間として5年を要した。早めに準備し、後継者本人にその気になってもらうことが大切である。

（福岡県　不動産業、物品賃貸業）

・廃業は余力のあるうちにするのが理想的だと思う。我社は5年かけて少しずつ事業を縮小していった。結果的に、周りへの影響を最少に抑えられたと思う。

（東京都　卸売業）

・技術、ノウハウの引継ぎへの考えの甘さが、反省点となる。人材育成が不足していた。

（愛知県　学術研究、専門・技術サービス業）

・事業の将来性について、後継者ともっと早くより話し合うべきだった。事業環境の変化に、自分の能力で対応ができなくなってしまった。成長期に培った自信を捨てきれなかった。

（滋賀県　小売業）

・M&Aであれ親族間譲渡であれ、会社を他に譲るに当たっては、事前の「整理整頓」が大変重要だと経験に基づき考える。Happy Retirementとするため、これから会社の代表者になる人に是非認識して欲しい。

（岩手県　製造業）

・引退した経営者の経営ノウハウなど、活用できるものが多くあると思うが、それらが消滅してしまうのが勿体ないと思う。後進に伝えたいものがあるので、それを行う場があってもよいと思う。

（山形県　情報通信業）

第3章　通常清算とは

1. 会社をたたむとは

そもそも事業を継続しないで「会社をたたむ（廃業）」とは、具体的にはどのようなことなのでしょうか。通常清算の手続きを説明する前に、まずこの点について確認をしていきます。

倒産だけが「会社をたたむ」ことではない

「会社をたたむ」というとすぐ「倒産」と考えがちですが、「倒産」とは会社が経済的に破綻して債務の支払いが困難になった状態をいいます。確かに「倒産」によって会社をたたむことになる例は非常に多いですが、経営は健全でも自主的に会社をたたむケースもあります。したがって「会社をたたむ」とは、あくまで法律に則って法人格を消滅することで、「倒産」とは異なります。

「会社をたたむ」とは

「会社をたたむ」＝「廃業」とは、会社を「解散」し、「清算」することをいいます。

「解散」とは、営業活動を停止し、会社の法人格を消滅させるきっかけです。あくまできっかけなので、解散すれば直ちに会社が消滅するわけではありません。会社を消滅させるためには、解散後に「清算」という手続きを経る必要があります。「清算」は、債権債務の後始末や残余財産の株主への分配などを行う手続きを言います。

つまり「会社をたたむ」とは、「解散」して営業活動を停止し、「清算」して会社の法人格を消滅させる二段階の作業を完結させることをいいます。

会社をたたむ過程

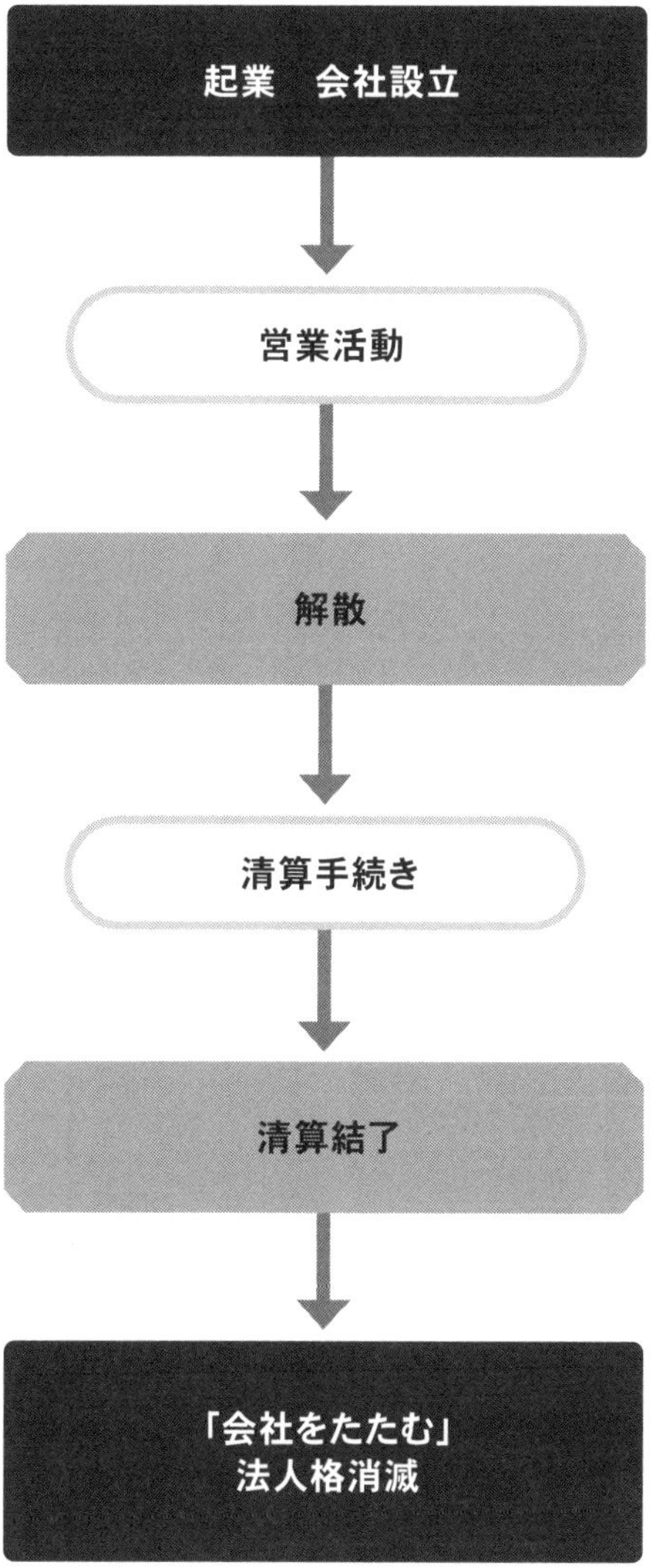

2．通常清算の手続きの流れ

「会社をたたむ」決意をしてから完了するまでの「通常清算」による手続きの流れをみていきましょう。

まずは株主総会で解散の決議をしたのち、清算の手続きに入ります。

清算の開始により、取締役が新たに「清算人」として、継続中の事業を停止し、取引関係を終了させます。またこれに伴う、債権の回収、財産の換価処分、債務の弁済、残余財産の分配についても清算人の職務です。そしてこれら清算事務がすべて終了したのちに、清算人は決算報告を作成し株主総会の承認を受けます。この承認ののち清算結了の登記をすることで清算手続きが終了します。

このように「通常清算」は、裁判所の監督なしに清算人によって会社の解散・清算手続きが行われる制度で、実務上最も多い「会社をたたむ」手続きといわれています。

つまり「通常清算」は、清算人と名前は変わってもこれまでどおりの経営者が会社をたたむ手続きを行うことになります。

通常清算の手続きの流れ

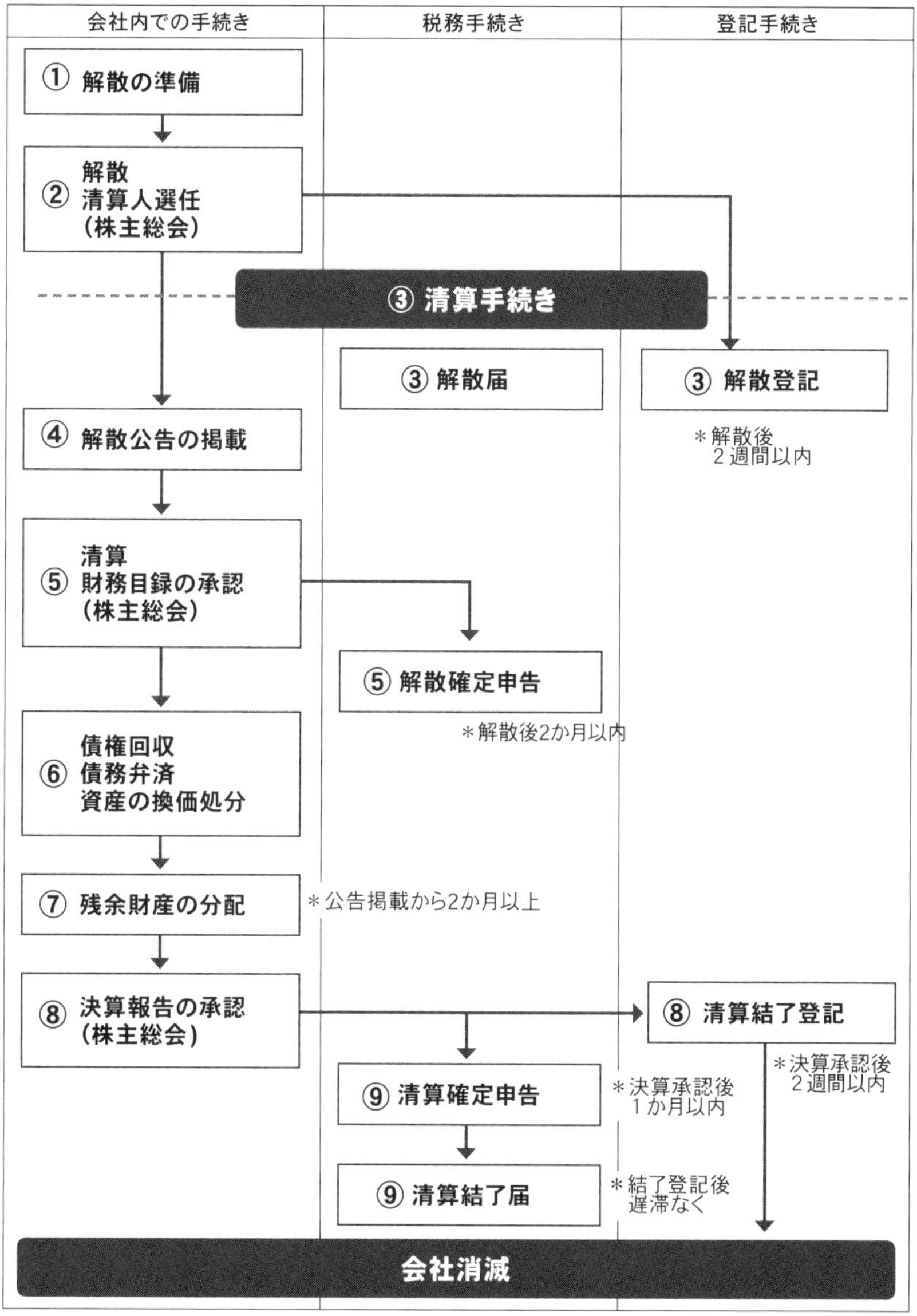

それでは、前頁の「通常清算の手続きの流れ」にしたがって、それぞれの手続きの内容を確認していきます。

①解散の準備

解散日の決定

解散日とは、営業を終了する日ですから、まずはこの解散日を決めて、営業終了の準備に入ります。十分な準備をして無理なく営業終了ができるよう主だった関係者と綿密にスケジュールを組み、決めていきましょう。

関係者への通知

取引先、お客様、金融機関、従業員など会社をとりまく関係者に解散（営業終了）の通知や挨拶を行います。融資を受けている金融機関については早めに解散することを知らせて、返済について相談しておく必要があります。

また、従業員に対しては後ほど説明しますが、労働基準法などの規定がありますので十分な注意が必要です。

売掛金・買掛金の処理

取引先との取引の決済は、支払日を定めた売掛けや買掛けになっている場合が多いと思います。売掛金については、解散日に残っていても、その後２か月以上の清算期間がありますので、その間に処理できれば問題はありません。

一方、買掛金については解散公告から２か月間は負債の返済ができなくなり支払期日に支払うことができなくなることもあるので、できれば解散前に支払いを済ませておいたほうが相手先に負担をかけずに済みます。

各種業界団体等の退会

業種により加入している業界団体や、地域の商工会などに入会しているのであれば、退会の手続きを行います。加入している団体の規約等を確認してから退会手続きを確認しておく必要があります。

事務所・店舗の解約手続き

事務所や店舗などを賃借している場合は、事前に賃貸借契約書で解約の条件を確認しておきます。一般住居と異なり、事務所や店舗など商業用の賃貸借契約は、「3か月前までに書面で通知する」など早期に解約を申し出る条件になっている場合や、原状回復について過剰な条件を課されている場合もありますので事前の確認が必要です。

②解散　清算人の選任

解散の決議

株式会社が「解散」するためには、株主総会を開催して「解散の決議」を行います。注意すべきは、株主総会をいつ開催するかです。解散の効力は、原則解散決議が成立した時点で発生し、それ以降は会社の営業活動は禁止されます。したがって株主総会の開催日は慎重に決める必要があります。

清算人の選任

解散決議をした株主総会では、あわせて「清算人の選任」をします。

「清算人」とは、解散後の清算手続きを実行する者で、具体的には、現在の業務を終了→債権を回収→債務を弁済→会社に残った財産を株主に分配することを行います。

「清算人」は１名以上必要とされていますが、通常は取締役つまり社長一名が就任することが多いです。

③清算手続きの開始

会社を解散すると、清算人は速やかに「清算手続き」を開始します。具体的には53ページの「通常清算の手続きの流れ」の③から⑨までの手続きを行い、会社をたたむことを完了させます。

解散、清算人選任の登記

清算人は、まず初めに法務局で「解散の登記」を申請します。また同時に「清算人の選任の登記」も申請します。これは解散の日から2週間以内におこなうこととされています。この申請手続きは司法書士に依頼することができますが、清算人本人が申請することも可能です。

解散届の提出

税務関係の届け出として、税務署と市区町村役場に「解散届」を提出します。解散登記がされた会社の登記簿謄本の添付が必要なので、解散登記の後の届け出となります。届け出は遅滞なくおこなうことが原則なので、解散登記後速やかに提出します。

④解散公告の掲載

解散公告

会社は解散後遅滞なく、官報に「解散公告」を掲載し、債権者に対して一定期間内に債権の請求を申し出るよう催告することになっています。そしてこの一定期間は官報掲載の日の翌日から2か月以上と定められています。したがって清算人は、解散公告を官報に掲載してから2か月以上たたないと債務が確定できず、清算手続きの期間が長引いてしまうので、速やかに解散公告を掲載しなければなりません。

官報

官報とは国が発行する広報紙で、法律等の公布、行政機関の報告や資料、法令等に基づく各種の公告を掲載することになっており、解散公告もこれにあたります。発行元は国立印刷局で、行政機関の休日を除いて毎日発行されます。官報の公告掲載の申込みは、全国の官報公告取次店に行います。掲載料は1行（22字詰め）単位で3589円（税込）です。公告文に決まりはありませんが官報公告申込みのホームページに文例の雛形が掲載されているので参考にするとよいでしょう。

▼https://www.gov-book.or.jp/asp/Koukoku/GenkouItemEntryTop/?op=1&id=4&pid=1

官報公告例文

解散公告

当社は、令和○○年○○月○○日開催の株主総会の決議により解散いたしましたので、当社に債権を有する方は、本公告掲載の翌日から二箇月以内にお申し出下さい。

なお、右期間内にお申し出がないときは清算から除斥します。

令和○○年○○月○○日

東京都○○区○○町○○丁目○○番○○号

○○○株式会社

代表清算人　○○　○○

[注]合同会社でも同様の公告となる。

⑤解散時の財務目録の作成　確定申告

解散時における会社財産の調査

清算人は、就任後遅滞なく会社の財産の現況を調査し、解散日における財産目録と貸借対照表（これを「清算財産目録等」といいます）を作成し、株主総会に提出し承認を受けなければならないことになっています。

そして会社はこの「清算財産目録等」を清算結了の登記の時まで保存することになっています。

解散確定申告

また、清算人は、通常の決算と同様に、解散日の属する事業年度における決算を行い、税務署に確定申告します。この解散日の属する事業年度とは前年度の決算日の翌日から解散日までの期間をいいます。そして、確定申告は解散の日から2か月以内に行います。

通常の決算を顧問税理士に依頼している場合は同様にその税理士に依頼すればよいでしょう。

⑥債権回収　債務弁済　資産換価・処分

次に清算人は、債権を回収し、債務を弁済し、会社の資産を売却等処分し現金化します。

ここで心掛けなければならないのは、⑴財産の漏れ落ちがないようにすること、⑵なるべく高い値段で処分することです。なかなか時間的精神的に余裕がないなか難しいことではありますが、しっかりとこの2点を頭に入れて行動しましょう。

具体的には、売掛金や貸付金の回収、買掛金や借入金の返済などが債権回収、債務弁済の内容です。帳簿にのっていない簿外の債権債務の整理や、相手方が破産して回収不能の場合の処理など複雑なものもありますので、十分な注意が必要です。

資産の換価処分については、保険やリースの解約などもあり、63ページに主なものをリストアップしましたので、参考にしてください。また資産を処分する際には費用がかかる場合もありますので、特に事務所や店舗の解約における原状回復費用など漏れがないよう注意してください。

⑦残余財産の分配

すべての債務を弁済したあとに財産が残っていればその財産を株主に分配します。これを「残余財産の分配」といいます。「残余財産の分配」は金銭で行うのが原則ですが、金銭以外の財産による分配も可能です。

資産の換価処分

資産		換価・処分
流動資産	有価証券	証券会社を通じて株式や債権を売却し、換金する。
	棚卸資産	取引先や同業者、リサイクルショップなどに買い取りを打診。可能であれば仕入れ先に返品を相談。希望があれば社員に売却または譲渡。引き取り先がなければ廃棄する。なお、委託販売の商品は確実に返却する。
有形固定資産	土地・建物	不動産業者を介して売却する。売り急ぐと価格が下がる可能性が高いので、ある程度余裕をもって売りたい。場合によっては、土壌浄化や建物解体などの費用が生じることもある。
	建物附属設備	店舗の内装や設備を取り払って現状回復する必要がある場合は、その費用がかかる。
	車輌運搬具	車の買い取り業者に見積もりを依頼して、最も条件のよい業者に売却する。社員が引き取りを希望する場合は、適正価格で売却する。
	機械装置	中古機械の商社や同業者に引き取りを打診。引き取り手がなければ廃棄処分。
	工具器具備品	専門の引き取り業者やリサイクルショップ、古道具屋などに買い取りを打診。希望に応じて、社員や関係者が引き取り。引き取り手がないものは廃棄処分。
その他の固定資産	ソフトウエア	ソフトウエアはほとんど換価できない。
	投資有価証券他	長期保有を目的とした株式等も売却し、長期性預金も解約。長期貸付金は返却期限を考慮して回収。
	保険積立金	解約して返戻金を回収。
	敷金	明け渡しが可能になったら、解約して回収。

⑧清算結了

決算報告

残余財産を分配し清算業務が終了したときは、清算人は遅滞なく決算報告を作成し、株主総会において承認を受けなければなりません。これにより清算手続きが完了し、会社の法人格が消滅します。

清算結了登記

株主総会で決算報告が承認されてから2週間以内に「清算結了の登記」を申請しなければなりません。「清算結了登記」は、「解散登記」と同様に法務局に申請し、司法書士に依頼もできますが清算人も申請可能です。この申請には決算報告書と株主総会議事録を添付することになっています。

⑨清算確定申告　清算結了届

株主総会で決算報告の承認を得てから1か月以内に税務署に「清算確定申告」をします。

また、清算が結了したら「清算結了届」を税務署や市区町村役場に提出します。

3．従業員に対する対応は

どのように説明すべきか

会社を解散、清算する場合、従業員を解雇せざるを得なくなります。会社としては従業員に対して、会社を解散、清算せざるを得なくなった事情を丁寧に説明して納得してもらう必要があります。具体的には、自社を取り巻く経営環境、会社存続のために行った施策、会社の資金繰りを含めた財務状況などを詳しく説明し理解を求めます。

解雇手続き

解散、清算について従業員の理解が得られたら、解雇の手続きを行います。労働基準法では、労働者を解雇する場合には遅くとも30日前に「解雇の予告」をしなければならないとされています。また30日前に予告しない場合には、会社は30日分の平均賃金（「解雇予告手当」）を解雇される労働者に支払わなければなりません。

従業員の理解を得るためにもできるだけ早めの説明が必要となります。

給与、退職金

従業員に給料の未払いがある場合には、できるだけ早めに全額を支払うようにしなければなりません。従業員の給料は法律上労働債権として優先的に取り扱わなければならないとされているからです。退職金の支給も同様です。退職金の規定がある場合は支払うための資金確保をしておく必要があります。

再就職へのサポート

同業他社の求人情報を収集し、従業員の再就職への支援も重要です。同業他社への再就職は、それまでに培った知識や技術を活かすことができ従業員の負担が少なく済みます。
また、自分で会社を立ち上げるという従業員には、お客様の紹介や、会社が保有している設備や備品などを譲渡するのも事業立ち上げの支援になります。さらに事業自体を譲渡するという支援もありますが、これは事業承継の中でふれていきます。

このようにいままで会社で頑張ってくれた従業員に対しては感謝をもって誠実に対応しましょう。

4．通常清算にかかる費用は

通常清算の手続きにおいて、どれくらいの費用がかかるのでしょうか。

登記にかかる費用

解散、清算結了の登記の際にかかる登録免許税（印紙を申請の際に貼付して納入します）は、次のとおりです。

解散登記３００００円、清算人選任登記９０００円、清算結了登記２０００円。

官報公告にかかる費用

官報の公告掲載料は1行（22字詰め）単位で３５８９円（税込）で、通常は１０行程度ですので3万６０００円程度となります。

株主総会開催にかかる費用

解散、清算手続きに開催する株主総会は、（1）解散・清算人選任株主総会、（2）清算財務目録承認株主総会、（3）決算報告株主総会の3回開催されることになりますので、その招集や開催に必要な費用がかかります。

専門家に依頼する場合の報酬

士業の報酬は統一されていませんので、一般的な目安としてお示ししておきます。

・登記手続きを司法書士に依頼する場合　10万円～
・確定申告を税理士に依頼する場合　20万円～

その他専門家ごと、依頼する内容ごとに報酬が発生します。

その他の費用

前記以外にも、財産を処分する際にかかる費用、残余財産を分配する際にかかる費用、清算手続きの際の事務所代や人件費などの費用が考えられます。
ただし、通常清算の場合は、おおむね清算人一人でできることが多いので、登記費用や官報掲載料など数万円の実費で済むことが多いようです。

通常清算の手続きチェックリスト

		チェック欄
解散の準備	解散日を決定し、従業員・取引先・顧客に対して事業の廃止を連絡する。解散公告を行うと２か月以上弁済が禁止されるので、通常は解散公告前に取引債務を弁済する。	
解散の決議、解散・清算人の登記	株主総会決議（特別決議）にて解散の決議を行う。この際に、清算人を選任する決議も行う。株式総会決議日から２週間以内に解散の登記・清算人選任の登記を行う。	
行政への届出	国税に関し税務署へ事業廃止届出書を、地方税に関し所轄県税事務所・市区町村へ事業所廃止の申告書を提出する。また、社会保険について所轄年金事務所へ健康保険・厚生年金保険の適用事業所全喪届を、雇用保険について所轄ハローワークに雇用保険適用事業所廃止届を提出する（雇用保険被保険者資格喪失届や雇用保険被保険者離職証明書（いわゆる離職証明書）の提出も）。	
確定申告	国税や地方税について解散に伴う確定申告を行う。また、労働保険料の確定申告も必要となる。	
解散公告・各別の催告	官報において、債権者に対し一定の期間内（２か月以上）にその債権を申し出るべき旨を公告するとともに知れたる債権者に各別に催告をする。この期間内には、債務の弁済をすることができないとされているので、留意が必要である。	
清算手続	清算人は、就任後速やかに財産目録と賃借対照表を作成して、株主総会の承認を受ける。その後、財産の換価処分を行う一方、残債務があれば弁済を行い、残余財産があれば株主に分配する。この間、清算事業年度の確定申告を行う。	
清算決了	清算事務が終了したときは、遅滞なく、決算報告を作成し株主総会の承認を受け、２週間以内に清算決了登記を行う。また、残余財産確定に伴う確定申告も必要となる。	

コラム3　休眠会社とは

「会社をたたむ」という積極的な方法とは逆に、「会社を放置する」という消極的な方法で、会社を休眠させる方法もあります。

休眠会社とは

会社法では、最後の登記から12年が経過している株式会社を休眠会社と定めています。これは、株式会社の場合、取締役の任期は最長10年で、それ以上継続する場合は株主総会決議で再任決議をして重任登記することになっており、最低でも10年間に一度は登記をする必要があるので、12年を超えて登記をしていない会社は休眠しているとみなされるわけです。

このいわば、会社の事業を放置する「休眠会社」が現在約8万8０００社あるといわれています。

休眠会社のみなし解散制度

休眠会社は、国の権限でみなし解散され、その3年後には解散が確定し、清算結了へ進むことになります。これを「休眠会社のみなし解散」といいます。つまり12年以上放置すれば国によって会社をたむことができ、解散、清算手続きにかかる費用を負担しなくてもよくなるわけです。そして法務省は、この「みなし解散制度」を毎年実施することとしました。

しかし、この「休眠会社のみなし解散制度」を利用し会社をたたむことは、社長としての責任を一切放棄する行為であり、社会経済的に無駄となるだけでなく有害ともいえるのです。賢明な経営者であれば、このような消極的な方法はとらず、積極的な会社のたたみ方を検討し採用してほしいものです。

第4章　特別清算とは

1. 特別清算とは

第2章（37ページから）で、会社をたたむ方法として、前章で説明した「通常清算」のほかに、「特別清算」による手続きがあると説明しました。

「特別清算」とは、解散して清算中の「株式会社」が、「債務超過」の疑いがある場合などに、裁判所の命令により行われる会社をたたむ手続きです。この「特別清算」は、通常清算では清算手続きが円滑にいかない可能性がある場合に、手続きの円滑化と公平性を確保するために、第三者である裁判所の監督のもとに行われる清算手続きです。

ここで、「債務超過」について確認しておきましょう。

貸借対照表をみると、通常は資産から負債を引いた残額が純資産となります。債務超過とは、この純資産額がマイナスになった状態、つまり、すべての資産を支払っても負債を返済できない財務状態をいいます。この債務超過の状態では、会社の清算手続きにおいて、すべての負債を完済できないわけですから、通常の清算手続きではなく、法律に則った「法的清算」による手続きが行われるわけなのです。

貸借対照表による債務超過状態

▽ **資産超過（負債返済可能）**
純資産＝資産－負債＝プラス

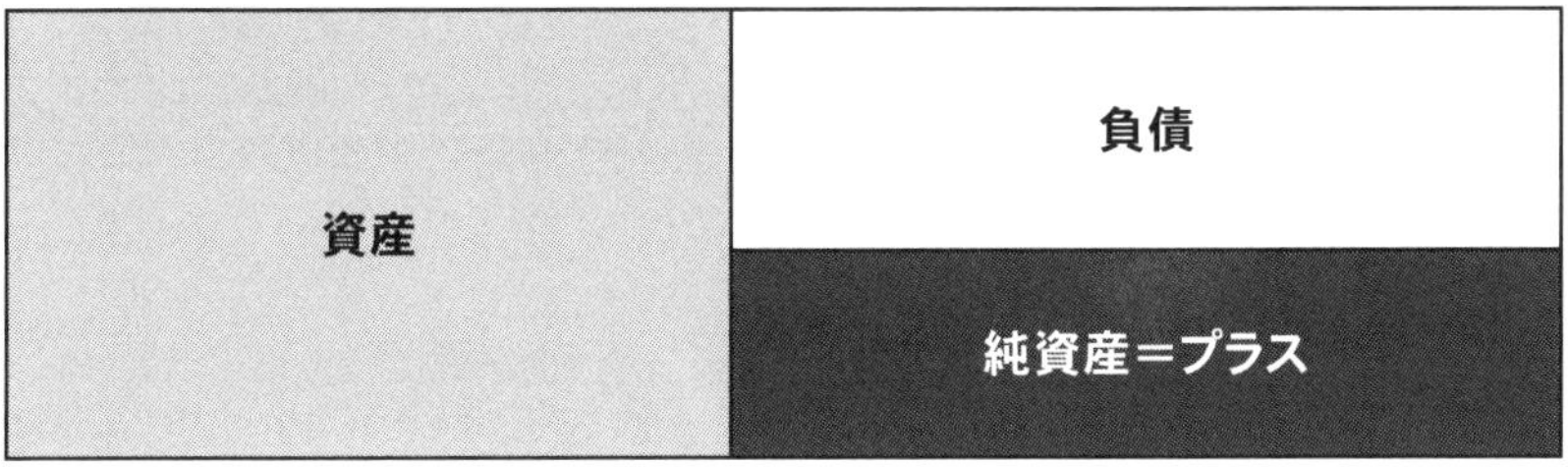

▽ **資産と負債同額（負債返済可能）**
純資産＝資産－負債＝0

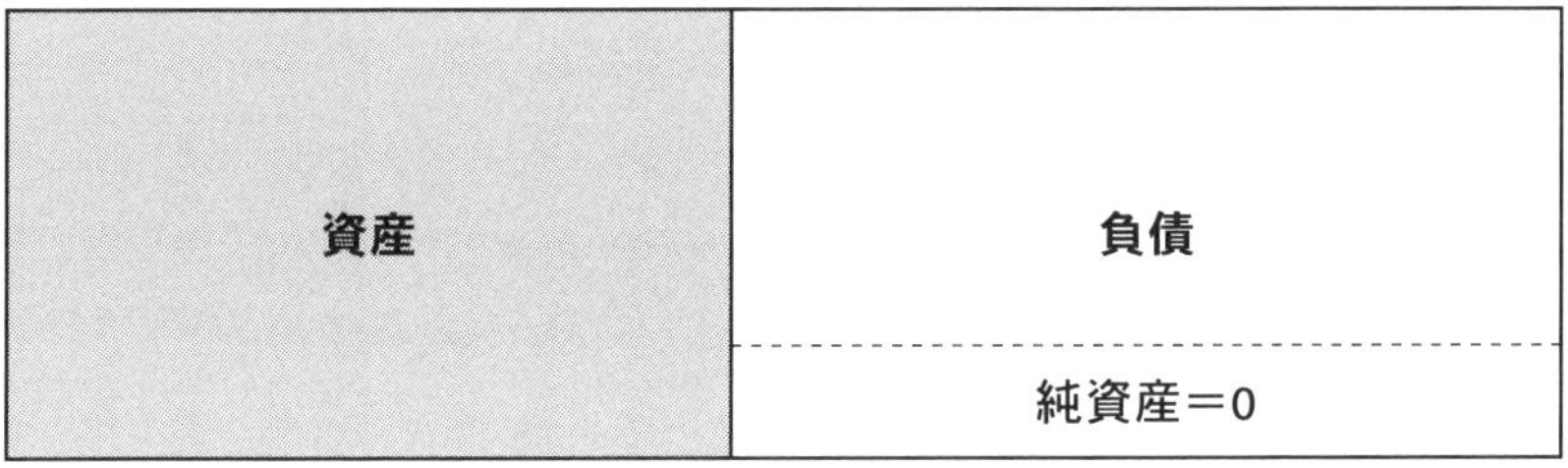

▽ **債務超過（負債返済不能）**
純資産＝資産－負債＝マイナス

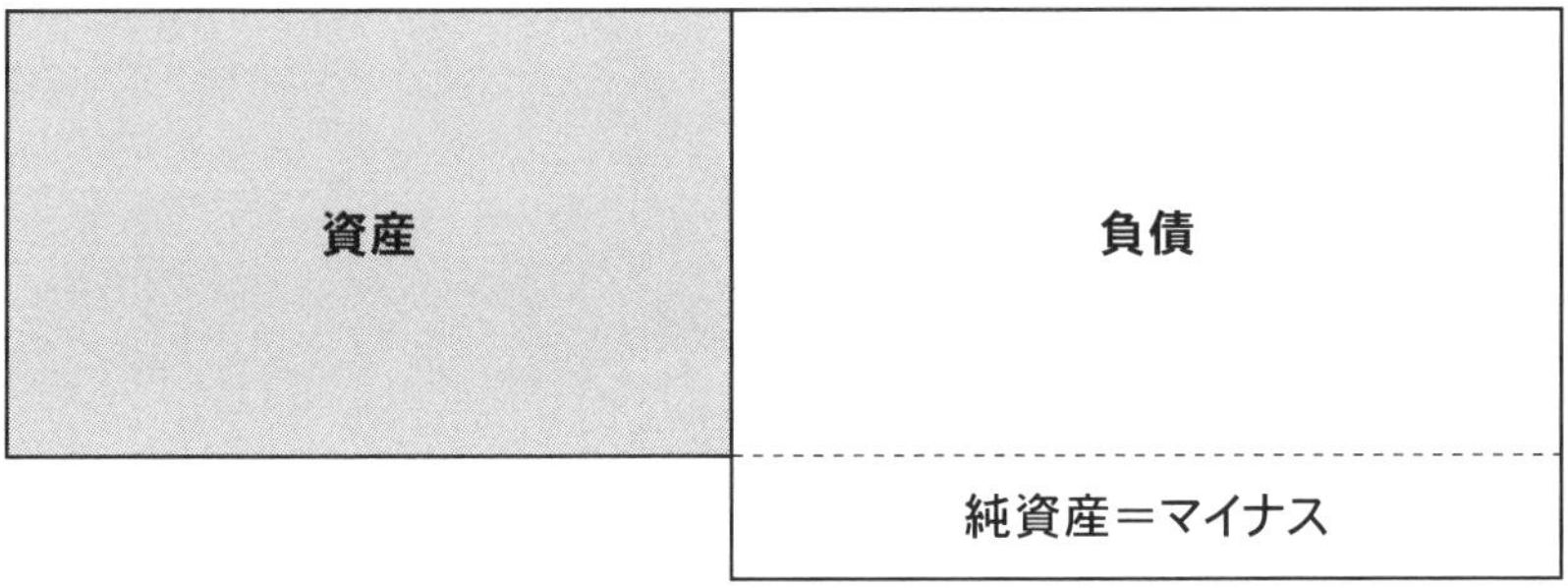

2．特別清算と破産の違いは

第2章3節「解散するにはどんな方法があるのか」（42ページ）でも説明したように、会社をたたむ際に、会社が債務超過の状態にある場合は、「法的清算」による手続きとなり、「法的清算」には、「特別清算」と「破産」の2つの手続きがあります。

ではこの「特別清算」と「破産」とはどのような違いがあるのでしょうか。

特別清算の特徴

同じ法的清算手続きである「破産」と比較した場合の「特別清算」の特徴としては次の6点があげられます。

⑴株式会社のみが利用できる制度
⑵簡易・迅速な手続きである
⑶手続きの主導権が会社にある
⑷否認権制度がない

(5)「破産」というイメージダウンが小さい
(6) 債権者が手続きに関与する余地がある

(1) 株式会社のみが利用できる制度

破産は、個人、法人いずれも利用できますが、特別清算は株式会社のみが利用できる制度です。

(2) 簡易・迅速な手続きである

特別清算は、破産と比較すると手続きに柔軟性があり、簡易迅速であり、手続きにかかる費用が少額で済みます。

(3) 手続きの主導権が会社にある

破産の場合には、手続きが開始されると同時に、会社の財産管理権限が破産管財人に移り、以後の手続きはすべて破産管財人によって行われます。

一方、特別清算の場合は、株主総会で選任された清算人が財産の管理処分を行うことができるため、会社の経営者が引き続き主導権をもって清算手続きを進めることができます。

⑷ 否認権制度がない

破産の場合、破産管財人には債権者の利益のため、破産手続き開始前の一定の会社財産の処分行為を否定する「否認」という強い権限が認められています。

一方、特別清算には、「否認」という制度はなく、特別清算前に特定の債権者に対して弁済していたとしてもその効果を否定されることはありません。

⑸「破産」というイメージダウンが小さい

「破産」した会社は、それだけでマイナスイメージをもたれがちですが、特別清算の場合は、「破産」というレッテルを貼られることもなく会社を整理したというイメージで済みます。

⑹ 債権者が手続きに関与する余地がある

破産の場合は、手続きが開始されると同時に、会社財産の管理権限が破産管財人に移り、以降の手続きはすべて破産管財人によって行われ、会社のみならず債権者も手続きに関与することはできません。

一方、特別清算の場合は、後ほど説明しますが、協定案に対して債権者の総債権額の3

分の２以上の同意が必要であるなど、債権者が手続きに関与する余地がある程度認められています。

したがって、「特別清算」にはこのような特徴があることから、株式会社で、債権者の数が少なく、主な債権者の協力が見込まれる場合には、「特別清算」が適しているといえます。

特別清算と破産の比較

	特別清算	破産
法的清算	債務超過により、全ての負債が返済できない場合、裁判所の監督下で行う倒産処理	
利用できる会社	清算中の株式会社のみ	すべての法人、個人企業
申立時期	解散後	解散前あるいは解散後
財産管理をする人	株主総会が選任した清算人	裁判所が選任した破産管財人
債権者の承認	債権者集会で議決権者の3分の2以上の同意が必要	債権者の同意は不要
負債処理の仕方	返済の仕方にはある程度自由度が認められる	全ての債権者に対して、平等に返済
手続きにかかる費用	協定や和解の見込みがたっていれば数万円	少額管財事件でも20万円以上

3. 特別清算の手続きの流れ

「特別清算」が利用できるのは、前に説明した通り株式会社のみで、有限会社や個人事業主は利用できません。

また、「特別清算開始の申立」をするには、会社が解散していることが必要です。そのため解散から解散確定申告までは通常清算と同じ流れになります。

そして、債務超過により通常清算はできなくなったが、「債権の一部免除について債権者の3分の2以上の同意」を得る見込みがあるときには、破産ではなく「特別清算」に移行します。

次のページの「特別清算の手続きの流れ」の通り、特別清算独自の手続きは「特別清算開始の申立」から「特別清算の終結決定」までとなり、その前後の手続きは、第3章で説明した「通常清算」と同じとなりますので。この章では特別清算独自の手続きについて説明していきます。

特別清算の手続きの流れ

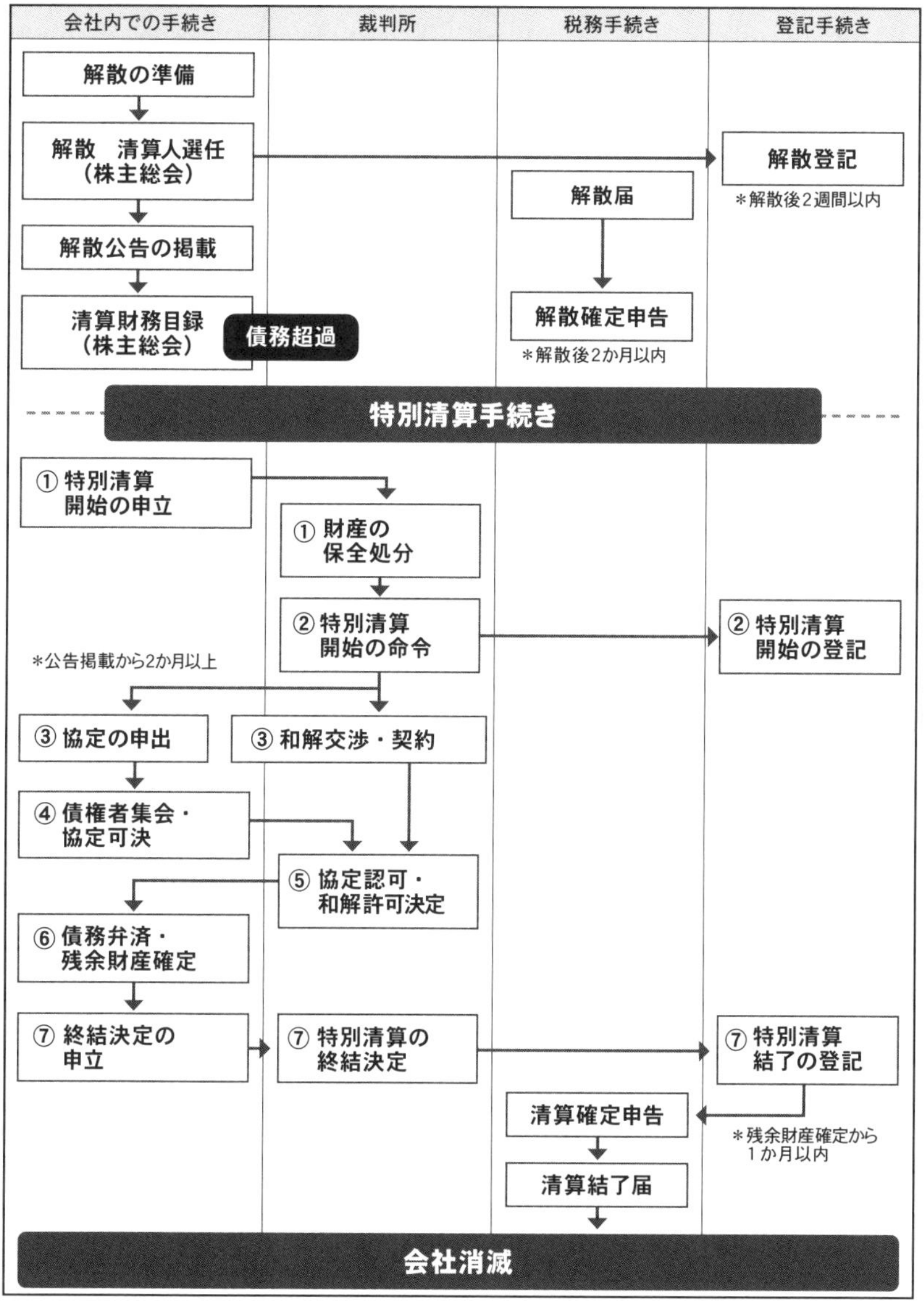

①特別清算開始の申立

特別清算開始の申立

解散した株式会社が特別清算を利用する場合、まずは所轄の地方裁判所に「特別清算開始の申立」を行います。申立をする資格があるのは、清算人、監査役、株主、債権者などで、清算人である経営者が申立をすることも可能です。

裁判所の保全処分

裁判所は申立を受けた時点で、会社の財産の処分を禁止する仮処分を決定することができます。したがって、担保権の実行や差押えなどにより、財産が散逸する恐れがある場合は、保全処分を申立てます。また、裁判所は会社の役員の財産に対しても保全処分を行うことができます。

②特別清算開始の命令

裁判所は、申立を審査し、債務超過であること、特別清算で結了する見込みがあること、予納金が納められたことなどを確認すると「特別清算開始の命令」を出します。

開始命令が出ると、清算手続きは裁判所の監督下におかれ、清算人は裁判所の許可を得ながら清算手続きを進めます。そのため債権者による強制執行や仮差押えはできなくなります。また、担保権者に対して、担保権の実行を中止させることができる場合もあります。

一方、裁判所の許可を得れば、少額債権や優先債権の返済を先行できるなど、破産に比べると柔軟な手続きも認められます。

特別清算開始の登記

裁判所は、特別清算開始の決定をすると、所轄の法務局に対して「特別清算開始の登記」を嘱託します。清算人が登記申請する必要はなく、登録免許税も課されません。

③協定の申出、和解交渉

特別清算手続きには「協定型」と「和解型」の2つのパターンがあります。「協定型」とは債権者集会で債務弁済計画を示して、その計画を可決し、裁判所の許可を受けて債務の減免を図る手続きです。一方、「和解型」とは、個別に債権者との間で和解を行い、債務を減免してもらう手続きです。

解散公告で債権の申出は掲載から2か月以内となっていますから、その2か月が経過した後、「協定型」であれば、債権者に打診していた協定案を裁判所の承認を受けたうえで申出をし、「和解型」であれば個別に債権者との和解案を合意に取り付けます。債権者が少ない場合には和解型のほうが効率的に進められますが、実際には協定型で決着することが多いようです。

④債権者集会

「協定型」で進める場合には、清算人は「債権者集会」を招集する必要があります。

「債権者集会」では、清算状況を説明したうえで、協定案を示して債権者からの同意を求めます。そして、⑴出席した議決権者の過半数の同意および、⑵議決権者の議決権総額の3分の2以上の同意が得られた場合に、協定案が可決されます。ここで否決されると、その時点で特別清算は不能となり、破産手続きに移行することになります。

⑤裁判所による決定

「特別清算」は、裁判所の監督下で手続きが進められるので、すべての清算行為は、裁判所に報告し、その認可を得る必要があります。

したがって、「協定型」では、債権者集会で協定が可決されたら遅滞なく裁判所に対して「協定認可の申立」をし、「和解型」では、すべての債権者と個別に和解契約を成立させたら速やかに「和解契約許可の申立」をして裁判所から許可の決定を得ます。

そして、「協定認可の申立」、「和解契約許可の申立」を受け、裁判所が審査して問題なければ認可、許可の決定がなされますが、⑴特別清算の手続きや協定が法律の規定に違反している、⑵協定が遂行される見込みがない、⑶協定の成立が不正な方法による、⑷協定が債権者の利益に反する場合には決定がなされません。

⑥債務弁済　残余財産の確定

清算人は、裁判所の協定認可、和解契約許可の決定を受け、協定や契約にしたがって手続きを履行していきます。そして定められた債務を弁済し、残余財産を確定させ、通常清算と同様に清算確定申告、清算結了の届出を行います。

⑦終結決定の申立　終結決定

特別清算終結の決定

協定や和解契約がすべて履行されて残余財産が確定し、清算手続きが終了すると、清算人は裁判所に対して「終結決定の申立」を行います。そして裁判所は、協定や和解契約が履行され、清算が終結したことを確認すると「終結の決定」をします。ここで特別清算の手続きは終了となります。

特別清算終結の登記

裁判所は、終結決定をすると、所轄の法務局に対して「特別清算終結の登記」を嘱託します。この登記により清算会社の商業登記簿が閉鎖されます。なお、この登記に関わる登録免許税は課されません。

⑧破産への移行

なお、「特別清算」が開始されても、債権者集会で協定案が否決された場合や、裁判所が協定認可の申立、和解契約許可の申立を退けた場合、さらには、特別清算を行うことが債権者の利益に反する場合、例えば特別清算の協定によって債権弁済を履行するより、破産手続きにより残余財産を分配したほうが返済額が多くなると考えられるような場合には、破産手続きを決定します。

4．特別清算にかかる費用は

特別費用にかかる費用は次の表のとおりです。特別清算と破産との比較（79ページ）でも説明しましたが、特別清算のメリットの1つに手続きの費用が安くすむということがあげられます。

申立をする時点で、申立手数料2万円とともに、特別清算にかかる費用を予納郵券（切手代）と予納金として納付する必要があります。

また、特別清算は、途中で破産へ移行する可能性もあるので、破産手続きの費用も併せて予納する必要があります。破産手続きの費用は負債額によって異なりますが、最低でも20万円以上は納めることになります。あくまで予納ですので、特別清算で終結すれば破産の費用は返還されます。

この他、特別清算に移行する前の、解散と清算人選任の登記費用（68ページ）が必要となります。

特別清算にかかる費用

項目	金額
申立手数料	２万円
予納郵券	協定型：６３８円 和解型：５４４円
予納金	【総債権額の3分の2以上の債権者の同意書あり】 協定型：５万円 和解型：９,６３２円 【総債権額の3分の2以上の債権者の同意書なし】 上記金額に加え、破産手続における 予納金額相当（２０万円以上）

特別清算の手続きチェックリスト

		チェック欄
特別清算開始の申立てと開始決定	清算手続中の株式会社について、清算人が特別清算開始の申立てを行い、裁判所が特別清算開始決定を行う（特別清算開始の登記と公告がなされる）。	
清算人による清算事務の追行	裁判所の監督の下、清算人が清算株式会社の財産の換価処分等の清算事務を追行する。	
協定又は和解	清算人において、債権者集会を通じて法定多数決による可決を経た協定について裁判所の協定認可決定を受け（協定型）、又は裁判所の許可を得た個別の和解により（和解型）、債権放棄等の権利変更を受ける。	
特別清算終結決定	特別清算が決了したときに、裁判所において特別清算終結決定を行う（特別清算終結の登記がなされる）。	

コラム4　ケンタッキーやディズニーも？　逆境を乗り越えた破産の天才たち

破産を経験した有名な経営者は数多くいます。例えば、「ケンタッキー・フライド・チキン」の創業者カーネル・サンダースは、転職を繰り返してようやく軌道に乗りかけた「サンダースカフェ」が、ハイウェイの建設で人流が変わるという憂き目にあい、破産を経験しました。また、元米大統領のドナルド・トランプや、「自動車王」のヘンリー・フォードも破産を経験しています。ここでは先に紹介した彼らと同じく、数度の破産をしながらアニメーションの礎を築いた、ウォルト・ディズニーのエピソードを紹介します。

ウォルト・ディズニーが最初の破産を経験したのは若干20歳の頃でした。当時米・カンザスシティで社員数10名程度のアニメーションスタジオ「ラフォグラム・スタジオ」を経営していたウォルトは、『ブレーメンの音楽隊』『長靴を履いた猫』『シンデレラ』など、後世に残る作品を数多く生み出していました。ウォルトは卓越したアニメーションセンスと人を惹き付ける人間力で、知り合いや投資家から資金を募りながら、何とか経営を維持していました。

しかし、当時のウォルトには、経営者に必要なお金の感覚が致命的に欠如していました。返済の目途が立たない状態で借入を繰り返し、自社に不利な契約にもサインをし、ついにはスタッフの給料の支払いすらままならなくなってしまいます。ウォルトは家賃の取り立てから逃れ、スタジオの1階にあったカフェでメニュー表のタイピングを食事代に変え、時には事務所に隣接している写真館の食べ残しを漁りながら、なんとか糊口を凌いでいました。しかしそんな彼にもついに「破産」という選択が突き付けられました。

ところが、ウォルトの瞳の輝きを失われていませんでした。カンザスシティの住宅を一軒一軒まわって赤ん坊の撮影をし、ハリウッド行きの切符を購入。彼は新たな船出に向けて高々と帆を上げたのです。ウォルトがカンザスシティと供に別れを告げたのが、ラフォグラム・スタジオの机で飼っていた1匹のハツカネズミでした。彼はハリウッドに腰を落ち着けてしばらくして、そのハツカネズミから得た着想を元にミッキーマウスを生み出したのです。ウォルトは、破産を経験したカンザスシティを後にする最後の日を、次のように回想しています。

「出発の日は素晴らしい一日だった。自由で幸せだった……。まるで体の中に白熱灯が輝いているかのようだった」

第5章　破産とは

1．破産とは

破産とは

「破産」とは、破産法に基づく手続きで、支払不能や債務超過にある債務者の財産を清算し、法律関係を整理して、債務者の残余財産をすべての債権者に公平に分配することを目的とした手続きです。

このため破産手続きが開始されると、裁判所が選任する破産管財人によって会社の財産が管理され、早い者勝ちに債権が取り立てられたり、清算人の思惑で偏った返済がなされるなど不公平がないよう債権者間で平等・公平な手続きが行われます。債権者が申し立てる場合を「債権者破産」、債務者が申し立てる場合を「自己破産」といいます。

会社の「法的清算」手続きには、この「破産」と前章で説明した「特別清算」の2つの手続きがありますが、実際にはこの「破産」による清算手続きがほとんどのようです。

破産の特色

⑴ 会社も個人も利用可

「破産」は、法人でも個人でも手続きを利用することができます。

⑵ 債権者は管理処分権を失う

破産管財人が主導して手続きを進めるので、債権者は財産の管理処分権を失います。

⑶ 別除権者の権利行使は妨げられない

破産手続きでは、質権や抵当権などの担保権（別除権といいます）を有している債権者は、自由にその担保権を行使することができます。

⑷ 金銭による平等弁済

破産管財人によって、債務者の総財産は金銭に換価され、その金銭が債権額に応じて債権者に平等に分配され、弁済されることになります。

⑸ 法人は手続終了後消滅する

総財産を換価し、分配してしまうので、法人の場合は破産手続き終了後は消滅します。

管財事件と同時廃止・異時廃止

破産開始の申立が受理されて手続きが開始されると、まず裁判所によって破産管財人が選任され、会社の財産をすべて管理し清算手続きが進められます。これが通常の破産手続きで、破産管財人が選任されることから「管財事件」と呼ばれます。

ところが、破産者にはほとんど所有財産がなく、破産手続きの費用さえ捻出できない場合には、破産手続きはその場で廃止されます。手続きの開始と同時に廃止されるので、これを「同時廃止」と呼びます。同時廃止では、破産管財人が選任されず、調査も行われませんので、費用はほとんどかかりません。その場で処理されて、個人破産の場合には免責手続きに入ります。

ただし、裁判所の判断として、法人の破産の場合には同時廃止が認められないのが通常のようです。一般的に法人の場合、個人と比較して活動範囲が広く、資産も大きい上、従業員や取引先、株主など様々な契約や利害関係が存在し、それだけ社会的責任が重いからです。また個人破産と違って破産後は法人自体が消滅してしまいますから調査もなしに法人格の消滅を認めるわけにはいかないからです。

したがって法人破産の場合は、何とかして費用を捻出し破産手続きを開始しなければならないわけですが、その後、破産管財人の調査により、債権者に対して配当すべき財産がないことが判明すると、裁判所は債権者集会において債権者の意見を聞いたうえで破産手続きを廃止します。これを「異時廃止」といい、廃止が決定すると法人は消滅します。

2. 破産のメリット・デメリット

「破産」というと、すべてを失ってしまうという負のイメージが強いですが、そのようなデメリットだけでなくメリットもあります。

メリット

⑴ 債務がすべて消滅する

破産の最大のメリットは、これまでの債務をすべて帳消しにできることです。

⑵ 精神的なストレスからの解放

破産手続きが開始されると、債権者からの取り立てはストップしますので、返済のストレスが解消し、精神的な負荷から解放されます。

このように、破産手続きが終了すると、それまでのすべての債務から解放され、ここから人生の再スタートを切ることができるのです。

デメリット

⑴ 経営者自身も破産

会社が破産すると会社そのものが消滅し、会社の債務を個人で保証している社長も、会社と同時に自己破産することになります。

⑵ 一定の職業や資格の制限

社長個人が、自己破産すると、最終的な免責手続きが終わるまでの間は、公法上・私法上の観点から一定の職業および資格は制限を受けることになります。

例えば、破産者は、弁護士、公認会計士、税理士、司法書士等になることはできません。また後見人や会社の取締役などの資格も制限され、貸金業、建築業、旅行業、証券会社や保険会社の外交員や警備員などの資格も制限されます。

また、一度破産し、免責決定を経て債務が帳消しにされると、その後7年以内には、原則として再度の免責決定を受けられず、７年を経過していても事実上二度目の免責決定を得るのは困難であるとされています。

3. 少額管財手続きとは

破産というと手続き費用が高額で、時間も長くかかるといわれていますが、「少額管財事件」という手続きがあります。

「少額管財事件」とは、高額の予納金が必要な通常の破産（管財事件といいます）の手続き費用を少額化した上で、手続きの迅速及び費用の軽減を図った実務運用の手続きです。対象となるのは、大量処理になじむ事件、関係者の不服がほとんど出ないような事件、破産手続きに関する業務の処理がスムーズに進むことが想定される事件です。個人でも、法人でも利用することができますが、弁護士が代理人となって申立てを行う事件に限ります。

東京地方裁判所の場合、負債額にかかわらず、予納金は最低20万円とされているため、通常の破産手続きと比べて予納金の額が少なくすむのが通常です。また手続きにかかる期間は、原則として3か月で、これも通常の手続きと比べて短くすむといえます。

「少額管財手続き」というと、特別なケースのように感じられますが、実際には「少額管財手続き」の取り扱いのほうが多いようです。例えば東京地方裁判所の場合、法人の破産手続きであっても、大企業や特別に複雑な問題を抱えている場合を除けば、ほとんどが「少額管財手続き」で処理されています。中小企業の場合であれば、まず「少額管財」で手続きできると考えていいでしょう。

4. 破産手続きの流れ

破産手続きは、まずは地方裁判所に対する「破産手続開始の申立」から始まります。前述したように、申立人が債権者である場合を債権者破産、債務者自身が破産の申立てをする場合を自己破産といいます。

個人が破産した場合には、破産の申立てをする前に、通常は依頼を受けた弁護士が金融機関などの債権者に対して受任通知書を送付します。債務者との交渉窓口を受任した弁護士に一本化して、債権者からの取立てを止めさせるという目的でこの受任通知書は送付されます。

これに対して、会社の破産の場合には、破産の申立て前に弁護士の受任通知書を債権者に送付しないのが通常です。債権者が、債務者の資金繰りの悪化に気付いていない段階で、破産手続きについての受任通知書を債権者に送付してしまうと、債権者が無理な取立てを行おうとして、かえって無用の混乱を起こしてしまうからです。

「破産手続開始の申立」は、会社の場合は通常代表者が法人の名で行います。取締役会がある会社は、取締役会の決議を経て法人として申立てをします。

破産手続きの流れ

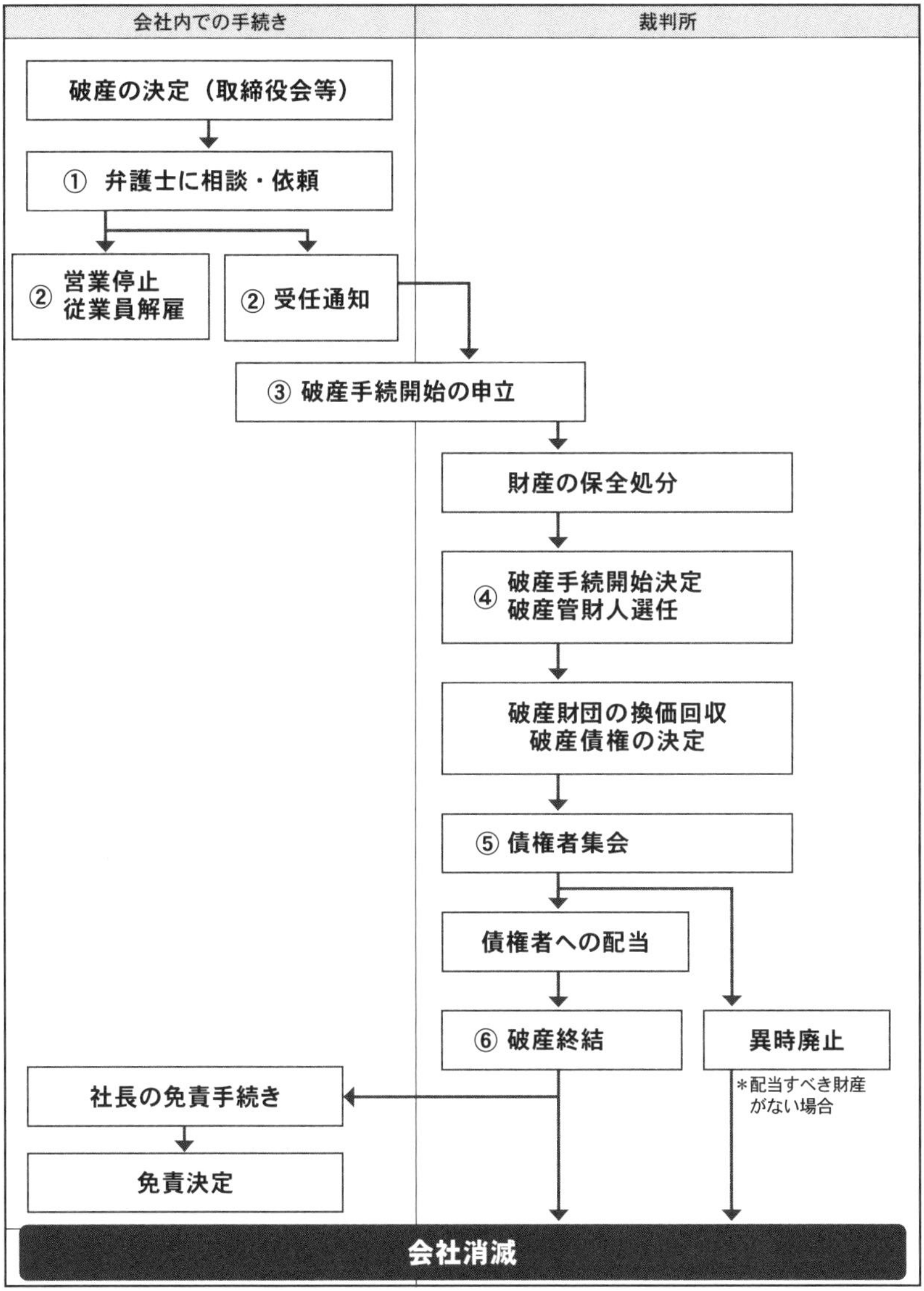
会社内での手続き
裁判所
破産の決定（取締役会等）
① 弁護士に相談・依頼
② 営業停止
従業員解雇
② 受任通知
③ 破産手続開始の申立
財産の保全処分
④ 破産手続開始決定
破産管財人選任
破産財団の換価回収
破産債権の決定
⑤ 債権者集会
債権者への配当
⑥ 破産終結
異時廃止
*配当すべき財産
がない場合
社長の免責手続き
免責決定
会社消滅

①弁護士に相談

破産申立てを行う前提として、破産手続きを代理してくれる弁護士に委任することをお勧めします。自分でできる場合もありますが、裁判所に提出する書類の作成や、債権者とのやりとり、また前述した「少額管財」で手続きするためにも、専門家である弁護士に任せたほうが適切であるといえるでしょう。

Xデー（破産を公表する日）の設定

破産することを決定し、弁護士に委任したら、取引先や従業員、関係者に対して、「会社の営業を停止し、破産手続きを開始する日」、すなわち「Xデー」を設定します。

この「Xデー」は、不渡りを出す前、従業員に給料を支払った直後、売掛金の回収直後などのタイミングが考えられます。不渡りを出したという情報が伝われば、不安を感じた債権者たちによって取立てや納品した商品の引き上げ、担保の差押えなどが始まって混乱しますし、破産すると会社財産を自由に処分できなくなり、従業員への給料もすぐには出せなくなるからです。

「Xデー」をいつにするかは重要で、委任した弁護士ともよく相談して決めることになります。

②受任通知の送付　営業停止　従業員の解雇

弁護士に破産手続きを依頼したら、裁判所への申立ての準備を進めます。

受任通知の送付

前に述べたとおり、債権者への通知は弁護士が行います。その通知で破産を知らせるとともに、弁護士が会社の代理人として、今後の会社への連絡はすべて弁護士あてにするよう通告します。これを「受任通知」といいます。すでに債権者から頻繁に返済の催促を受けている場合には、「受任通知」が届くとそれ以後会社への催促はなくなります。また会社への郵便物もすべて弁護士が管理することになります。

「受任通知」は、破産手続きが開始するまで、申立準備のひとつとして行われることが多く、実際に債権回収の動きが出ているときには有効です。ただし、必ず送付するものと決まっているわけではなく、例えば営業を続けている間は出せませんし、「受任通知」を出すことでかえって混乱を招く恐れもあるので、場合によっては「受任通知」を出さずに破産申し立てをする場合もあります。会社の状況を踏まえてよく弁護士と相談して対応しましょう。

営業の停止　従業員の解雇

受任通知を送付した時点、または破産の申立てをした時点で営業は停止となります。取引先との引き継ぎなど相手にできる限り迷惑をかけないよう準備しておきます。

また破産とともに従業員は解雇となります。解雇予告など解散の時の解雇の手続き（66ページ参照）も適格に処理しましょう。また、給料の未払いがある場合には「未払賃金の立替制度」の利用や、再就職への援助などもできるかぎり努力しましょう。

未払賃金の立替制度

「未払賃金の立替制度」とは、会社の倒産によって解雇された労働者を国が救済する制度です。「賃金の支払の確保等に関する法律」に基づいて、独立行政法人労働健康福祉機構が実施しており、従業員自身が手続きをします。

この制度を利用する条件として、まず事業者が、⑴従業員を雇用して1年以上営業を行い、⑵法律上、あるいは事実上倒産していること。また労働者が、⑶倒産した日の６か月前から後の２年間に退職していて、⑷未払賃金が２万円以上あることが必要です。

この条件を満たせば、労働健康福祉機構が未払いの給料と退職金の合計の８割を立替払いしてくれます。

未払賃金の立替制度

定義	倒産により賃金が支払われないまま退職した労働者に対して、未払い賃金の一部を立替払する制度
実施機関	全国の労働基準監督署 独立行政法人労働者健康福祉機構
要件	１年以上事業活動を行っていた使用者が倒産したこと a 法律上の倒産（破産、特別清算、民事再生、会社厚生） b 事実上の倒産（中小企業について、事業活動が停止し、再開の見込みがなく、賃金支払能力がない場合）
	労働者が、倒産について裁判所に申し立てた日（法律上の倒産の場合）または労働基準監督署への認定申請（事実上の倒産の場合）が行われた日の６か月前の日から２年の間に退職した者であること
権利行使の期間	破産手続開始決定等がなされた日または監督署長による認定日の翌日から２年以内
対象となる賃金	労働者が退職した日の６か月前から立替払請求日の前日までに支払期日が到来している定期賃金と退職手当てのうち、未払となっているもの（未払賃金の総額が２万円未満の場合は対象外）
立替払いされる金額	未払い賃金の額の8割（退職時の年齢に応じて８８万円～２９６万円の範囲で上限あり）

③破産手続開始の申立

破産手続きの準備が整ったら、弁護士が管轄する地方裁判所に、破産者の代理人として「破産手続開始の申立」をします。中小企業の場合は、会社の債務について社長も連帯保証している場合が多いため、社長個人の破産申立も同時に行います。

東京地方裁判所の場合、破産の申立代理人である弁護士がいる場合の破産の申立には、社長自身が出頭する必要はありません。申立ての際には破産手続きの費用として予納金を納付する必要がありますが、破産者の事情や事案によって予納金についての分割払いが認められることもあるようです。

④破産手続開始決定　破産管財人の選任

破産手続開始決定

破産手続きの申立てを行うと、裁判所は申立てを審査し、会社の社長と代理人弁護士から事情を聞く審尋とい手続きが行われ、破産手続開始原因があると判断した場合、「破産手続開始決定」をします。この決定により、会社の債務についての強制執行、差押えや仮差押え等の手続きはすべて失効し、破産者たる会社は、会社財産についての管理処分権を失い、会社は、その債務について弁済する一切の権限を失うことになります。

破産管財人の選任

裁判所は、破産手続開始決定とともに「破産管財人」を選任します。破産管財人は、破産手続き中に、破産者たる会社の財産をすべての債権者のために管理・処分します。会社の実印や銀行印、通帳類などもすべて「破産管財人」に引き継がれることになります。

会社の社長には、「破産管財人」に協力する義務があるので、「破産管財人」から協力を求められた場合には、これに応じる必要があります。つまりここからの破産手続きについては、「破産管財人」が主導することになります。

破産管財人の職務

「破産管財人」は、すべての債権者の利益を代表し、会社の財産を調査し、換価されていないものがあれば可能な限り換価処分します。こうして換価された現金が破産管財人の報酬となったり、優先的に弁済すべき従業員の給料や公租公課などの支払いに充てられ、それでも余剰がある場合には、債権者に平等に配当されることになります。

⑤債権者集会

破産手続開始の決定がなされてから数か月後に、「債権者集会」が開かれます。「債権者集会」は、会社に対する債権者の出席が認められ、破産管財人から破産手続きの進捗状況について説明を受けるものです。「債権者集会」には当事者である会社の社長も出席が義務付けられています。

⑥破産手続終結の決定　法人格の消滅

債権者に対して配当するだけの現金がない場合には、破産管財人または裁判所の職権により破産手続きが廃止されます（これを異時廃止といいます）。

　また、配当に足る現金や財産がある場合には、債権者への配当が行われ、その報告に債権者の異議がなければ破産手続きは終了となり、裁判所は「破産手続終結の決定」をします。裁判所の「破産手続き終結の決定」により、会社の法人格は消滅します。これにより会社の債務も同時に消滅します。また、破産手続きの途中で裁判所により手続きの廃止が決定された場合（異時廃止）にも、会社の法人格は消滅します。

5. 社長個人の破産手続きは

中小企業の場合、社長が会社の債務を保証しており、会社の破産と同時に社長個人も破産するケースが多いと前にも説明しました。では、社長個人の破産手続きについて見ていきましょう。

会社の破産の場合には、会社の財産を整理してしまえば、法人である会社の消滅とともに、債務も消滅します。

しかし、自然人である社長個人の場合には、破産によって当然に債務が帳消しにされるわけではありません。破産手続きの終了後に、債務を免除するための手続きをさらに行うことになります。これを「免責手続き」といいます。この手続きを経て、裁判所から免責決定を経て初めて社長個人の債務が帳消しにされるのです。

ただし、すべての債務が帳消しになるわけではありません。いくつか免責されないものもあり、これを非免責債務といい、例えば、税金や年金・健康保険料、罰金や追徴金、刑事訴訟費用、慰謝料や賠償金、扶養義務による債務、破産者自身が雇用した使用人の給料、

法人の破産と個人の破産

	法人の破産	個人の破産
手続きの目的	会社を清算して、債権者に残余財産を公平に配当する	財産を処分した後、借金の残額を免責する
申立権者	債務者及び債権者（理事、取締役、清算人など）	債務者及び債権者
免責手続き	なし	あり
同時廃止	ほとんど認められない	可能
少額管財事件	可能	可能

破産者が故意に隠した債務などは免責されません。さらに破産の原因がギャンブルや浪費による場合は免責されないこともあります。

また、破産者には一定の資格や職業に制限が加えられますが（99ページ参照）、これも免責決定を経て、「復権」を受けることで解除されます。

6. 破産にかかる費用は

破産の場合の裁判所に納める手続き費用は、⑴申立手数料（印紙代）、⑵予納郵券（切手代）、⑶予納金などがあります。

⑶予納金は、主に官報公告料と破産管財人の報酬に充てられるもので、申立時にあらかじめ納付するものです。会社と同時に社長個人の破産手続きを申立てる場合は、同じ破産管財人が選任されるので、ほぼ1件分の費用ですむのが通常のようです。中小企業の破産の多くは少額管財手続きで処理されますが、少額管財の制度が利用できない場合は通常の管財事件となり、予納金の額は負債の総額により異なりますが、少額管財手続きに比べかなり高額になります。なお、予納金は主に破産管財人の報酬なので、予定より簡単に手続きが終了すれば、その分返還されます。また、破産の場合、特に少額管財手続きを希望する場合は、弁護士に申立代理人を依頼することになり、弁護士への報酬も必要となります。

弁護士報酬は、商工会の無料法律相談等で報酬の目安を確かめるのもひとつの方法ですし、ホームページに報酬を掲載している弁護士もいるので確認してみるとよいでしょう。

破産にかかる費用（東京地方裁判所）

	種類	収入印紙	予納郵券	予納金
法人	少額管財	1,000円	4,100円	最低20万円 ＋ 14,786円 （官報掲載費用）
	通常管財			下表
個人	少額管財	1,500円	4,100円	最低20万円 ＋ 15,499円 （官報掲載費用）
	通常管財			下表

予納金

借金総額	法人	個人
5000万円未満	70万円～	50万円～
5000万円～ 1億円未満	100万円～	80万円～
1億円～ 5億円未満	200万円～	150万円～
5億円～ 10億円未満	300万円～	250万円～
10億円～ 50億円未満	400万円～	400万円～
50億円～ 100億円未満	500万円～	500万円～
100億円～	700万円～	700万円～

※弁護士をつけない本人申立事件や債権者が申し立てる事件、少額管財事件とならない事件については、この表が適用される。

破産手続きチェックリスト

		チェック欄
破産手続開始の申立て	取締役会決議等により意思決定を行って、裁判所に破産手続開始の申立てを行う。	
破産手続開始決定・管財人の選任	裁判所において破産手続開始決定がなされ、同時に破産管財人が選任される。ただし、裁判所が破産財団をもって破産手続の費用を支弁するのに不足すると認めるときは、破産手続開始の決定と同時に、破産手続廃止の決定（同時廃止）がなされ、破産管財人は選任されない。	
破産財団の換価処分	破産管財人により、破産財団に属する財産の換価処分が行われる。	
破産債権の調査・確定	破産管財人により、破産債権の調査がなされ、破産債権の確定がなされる。ただし、裁判所が破産財団をもって破産手続きの費用を支弁するのに不足すると認めるときは、破産手続廃止の決定（異時廃止）がなされ、破産債権の確定に至らずに手続きが終了する。	
配当	配当原資が確保できた場合には、破産管財人において配当を行う。この後、裁判所において破産手続終結の決定がなされる。	

コラム5 破産して本当に大丈夫なの？

破産とは、破産者の過去の債務を一掃し、破産者が経済的に再起することができるように作られた制度です。したがって、個人破産の場合、破産手続きが終了し、裁判所から免責決定を得れば、法律上の制約はありません。ただし、破産するとカード会社に信用情報として破産したことが登録されてしまうので、今後クレジットカードを作ったり、ローンを組むことは難しくなります。

しかし、世間には破産についていろいろな誤解があるようです。まずは、破産したことによって、選挙権が制限されるのではないかという誤解があります。しかし、そのようなことはまったくありません。選挙権は憲法上認められた基本的人権ですので、破産によって制限されることはありません。

次に、破産すると戸籍や住民票に記載されるのではないかという誤解があります。確かに平成17年に破産法が改正される前までは、破産者個人の本籍地となっている市区町村役場が管理している名簿に破産者の氏名が載せられることとなっていましたが、破産法改正後には、このような運用はなくなりました。

また、職場に破産したことが知られるのではないかという誤解もあります。しかし、破産したことについて、裁判所などから職場に通知が行くことは一切ありません。破産したことが公になるのは官報に氏名住所が掲載されることのみです。官報は官公庁や金融機関のような特殊な機関のみに購読されており、一般人が毎日隅から隅まで読むことはありませんので、ここから公になることはまずないでしょう。

さらに、個人が破産した場合に、妻や子供といった家族に影響があるのではないかという誤解があります。具体的には、家族がクレジットカードを作れなかったりローンを組めなくなる、または子供の進学や結婚に影響するのではないかという不安です。これらについても全く事実と異なります。破産というのは原則として、申立てをした本人のみに適用されるので、その影響が妻や子供などの家族に及ぶことはありません。しかしながら金融機関によっては、家族に破産者がいる場合に、各種ローン審査が不利な扱いをしているところがあるようです。

繰り返しますが、破産とは、破産者の過去の債務を一掃し、破産者が経済的に再起することができるための制度であるということを覚えておいてください。このように破産者に関しては、世間に様々な誤解があるようなので、正しい知識に基づいて対処したいものです。

第6章　事業承継とは

1．事業承継とは

第2章（37ページ）で説明したように、会社をたたむにあたっては、まず会社、事業を解散するか、それとも承継するかを検討し、承継するを選択した場合には、次に事業承継の方法について検討することになります。

そこで、この章では、事業承継について説明していきます。

そもそも事業承継とは、現在の会社のオーナーから、次の新オーナーに経営を引き継ぐことですが、具体的には、⑴経営権の譲渡、⑵自社株式の譲渡、⑶事業用資産の譲渡がその中身となります。

⑴ 経営権の譲渡

経営権の譲渡とは、会社での経営上の決定権、財産についての処分権、従業員の人事権、取引先への影響力など経営者のもつ一切の権限を譲り渡すことですが、この経営権とは、経営者が長年にわたって築きあげてきたもので簡単に譲り渡すことができるものではありません。その承継には時間と努力が必要となります。

(2) 自社株式の譲渡

中小企業の場合、会社の株式をいかに後継者に承継させるかが課題となります。後継者が経営を行うのに十分な株式を持たない場合には、会社の運営は阻害されることになってしまいます。そこで事業承継については自社株式をいかにして後継者に集中させるかが問題となるのです。

(3) 事業用資産の譲渡

事業用資産とは、土地・建物、機械、現金預金、ノウハウ・特許など事業を行うのに欠かせない財産です。中小企業の場合は、事業用資産の一部が現オーナーの個人所有になっていることがあります。その場合には、この事業用資産をいかに後継者に移転させるかも事業承継の内容となります。これら事業用資産がなくては会社としての活動が立ち行かなくなってしまうからです。

このように事業承継とは、単に経営者としての地位を後継者に譲り渡すことだけではなく、株式や事業に使っている土地・建物、機械、現金といった一切の財産を譲り渡すことなのです。

2. 事業承継の方法は

第2章4節（44ページ）で説明したように、事業承継は、承継する後継者がいるかいないかで方法が異なってきます。

後継者がいる場合には、その後継者が⑴親族、⑵役員・従業員、取引先などの関係者など、後継者に応じて事業承継を進めていきます。一方、後継者がいない場合には、⑶M＆Aによって新たに第三者に対して事業承継を模索していくことになります。

(1) 親族内承継

親族内承継は、現経営者の子供、配偶者、甥・姪など親族を後継者として事業承継する場合です。親族内承継は、割合は低くなっているものの、現在でも事業承継の中心的な形態であることに違いありません。親族内承継が多い理由のひとつとしては、従業員や取引先から心情的に受け入れやすいことがあげられます。以前から現経営者とともに会社に従事していればなおさらでしょう。

(2) 従業員など関係者への承継

これは、親族以外の役員、従業員、取引先などの関係者を後継者として事業承継する場合です。現経営者は、その従業員などの能力については十分知っているので、後継者としての素質も判断できます。また中小企業の場合は、規模も小さいため関係者とも家族のような関係が築き上げられているので、親族ほどではないものの、心情的な抵抗は少ないでしょう。

(3) M&A

後継者がいない場合でも、会社の事業に将来性があり、また財務状況に問題がないのであればM&A（企業買収等）によって第三者に事業承継する方法を検討するべきです。同業者や、取引先に適当な譲渡先があれば、その会社に承継してもらうよう交渉するのがよいでしょう。同業者や取引先であれば、事業内容について知識もありますし、従業員や他の取引先に与える影響も少なくて済むからです。

また譲渡先が見当たらない場合には、商工会、各地に設置されている事業引継ぎ支援センター、金融機関、M&Aコンサルティング会社などを利用して譲渡先の紹介をうけることも可能です。

事業承継の方法は、従業員や取引先にへの影響が少なく心情的に受け入れやすい、⑴親族内承継、⑵従業員などへの承継、⑶M&Aの順序で検討するのがよいでしょう。

3．事業承継のメリット

前章までみてきたように会社を解散してたたむのは大変な労力が必要ですが、一方、会社を承継し継続させるのも非常に困難なことです。では、この困難を伴う事業承継にはどんなメリットがあるのでしょうか。

⑴ 事業の存続

事業承継によって、現経営者にとっては、自ら立ち上げ、築き上げてきたかけがえのない会社・事業を引退後も存続させることができます。そして後継者にその事業をさらに発展成長させてもらうことによって精神的な満足感を得ることができます。

⑵ 事業承継によって生活資金の確保

中小企業の経営者は、自社株式のほとんどを保有しているので、承継する際に保有する株式を後継者に売却することでその後の生活資金を確保することができます。会社の事業用資産が現経営者の個人所有である場合も後継者に売却することによって同様に資金を得ることができます。

(3) 家族の生活の安定

現経営者の家族は、その会社に雇われて生活していたり、個人資産を提供していたりと何らかの形でかかわりをもっていることが多いです。そのような関係は事業承継によって、承継後も同様に保つことができ、家族の生活の安定につながります。

(4) すでにできあがっている事業を譲り受ける

新たに事業を起こすことは様々なことを一から始めなければならず、多額の費用と時間がかかりますが、後継者は事業承継によってすでに出来上がった事業を譲り受けるので、事業立ち上げの労力をかけずに済みます。

(5) 雇用と取引関係の維持

従業員は、事業が承継されることによって、原則として事業承継前と同様にその会社に勤めることができ雇用が維持されます。また、取引先も事業承継によって、その会社との取引関係が引き続き維持されることになります。

⑹ 会社の体質改善

事業承継には綿密な計画が必要であり、この計画立案には現状の会社が抱える問題把握と解決案の策定・実行されるので、その過程で会社の体質が改善され、競争力の強化が期待できます。

⑺ 若返りとリスク低減

事業承継により、後継者が新経営者になることによって、通常は経営者の年齢が若返ります。経営者の若返りは会社自体の若返りにも役立ち、会社に活気が生まれることになります。また、経営者が若返ることにより、経営者の在職中に死亡するリスクが減少し、会社の信用力も増加させることになります。

4．M&Aによる事業承継

①「M&A」とは

「M&A」とは、Mergers and Acquisitions（合併と買収）の略称で、2社以上の企業が統合して1つになること、あるいは一方の企業が他の企業を買い取ることをいいます。

会社をたたむ際に、「M&A」という手段を検討する場合には、「会社」という単位での「M&A」が可能かという視点だけでなく、その中身である「事業」という単位での「M&A」の可能性も考えることが重要です。すべての事業や機能が詰まった「会社」としてはあまり魅力的な要素がなく、「M&A」に応じてもらえる相手を見つけられなくても、個々の「事業」単位であれば相手が見つかる可能性もあるからです。たとえその「事業」が赤字であっても相手が現に行っている事業や将来行うことを予定している事業との相乗効果が得られる可能性があれば「M&A」に応じる相手が現れる可能性は十分にあります。

つまり、現状赤字の事業であっても、他社の事業と合わせることによって黒字化が期待できる事業や、新たな事業に進出を計画している他社が、その事業を一から作り上げるよりも、「M＆A」により買収してしまったほうが効率的であり、事業を軌道に乗せるまでの時間を節約することでビジネスチャンスを逃さないで済むという判断をすることもあるからです。

会社をたたむ際の手段として、「解散」か「承継」かの2つがあると説明してきましたが、会社を解散により消滅させるという手段を選択する前に、「承継」という手段として、「M＆A」によりその中の事業の1つでも活かす道がないかを検討してみてはいかがでしょうか。中小企業はオーナー社長の権限も強く、従業員や債権者などの利害関係人もさほど多くはないのでまわりから反対されることも少なく、比較的「M＆A」を採用しやすい環境にあるといえるので検討をおすすめします。

②「M&A」のメリット・デメリット

メリット

事業承継のメリットでもふれましたが、「M＆A」による事業承継が実現できれば、従業員の雇用を維持できることから、従業員のモチベーションの低下を防ぐことができ、取引先も取引の継続が見込まれるので安心できるでしょう。

また、よりよい「M＆A」を実現させるために、現経営者が会社の現状の問題点を見直すのに伴い、会社の体質が強化されるといった効果も期待できます。「M＆A」の後、それぞれの会社や事業がもつノウハウやスキル、経営資源の相乗効果によってさらに業績を伸ばすことも考えられます。

さらに、現経営者は、株式の売却代金を得ることができるので、会社を単に清算する場合よりも多額の金銭が手元に残る可能性も大きくなります。

一方、買収する会社にとっても、自社にとっては新しい事業分野にスムーズに参入することができます。自社で事業を新たに立ち上げるのでは、時間やコストがかかりますが、「M＆A」によりこの時間やコストを大幅に削減することができるのです。

デメリット

「Ｍ＆Ａ」には当然これに応じてくれる相手が必要となります。そして「Ｍ＆Ａ」に応じてもらうためには、自社の事業や機能に何らかの魅力が必要となります。魅力のない会社には振り向いてくれないのです。そして魅力的な会社に見せるためには、会社の問題点を抽出しこれを改善し、魅力的な会社・事業に変えていく努力が必要です。魅力的な会社、事業の構築には時間がかかるもので、そのためには十分な準備や計画をする時間が必要となり、相手がなかなか見つからなくても焦りは禁物です。しっかりと腰を据えて準備を進めていきましょう。

また、「Ｍ＆Ａ」を進めていくには情報の取り扱いには十分な注意が必要です。「社長が会社の売却を検討している」といった噂が不正確なまま伝わっていくと、従業員や取引先から不信感を買うことになり、魅力的な会社どころではなくなります。情報の漏洩は「Ｍ＆Ａ」の失敗にもつながりかねない重大な問題ですので、「Ｍ＆Ａ」に携わる関係者には、情報統制を徹底する必要があります。

③「M&A」の方法

「M&A」と一口にいっても、いくつかの方法があります。まずは、「会社を全部」そのまま承継する方法としては、

(1) 株式譲渡
(2) 合併

そして「会社の一部」の事業を承継する方法としては、

(3) 事業譲渡
(4) 会社分割

があげられます。それぞれどのような方法か見ていきましょう。

(1) 株式譲渡

中小企業では、会社の株式は、現経営者が全部または大部分を所有しており、残りについてもその親族が保有していることがほとんどです。そしてこの現経営者が所有している株式を、他の会社が買い取ることによって経営の主導権を移転させるというのが「株式譲

渡によるM&A」です。

この方法によれば、会社の株主が変わるだけで会社が新たに別の会社になるわけではないので、承継された会社の契約関係（例えば事務所の賃貸借契約など）には何も変更もありません。また、承継された会社が持っている許認可などについてもそのまま引き継ぐことができます。承継する会社の現経営者には、株式の売却代金としてまとまった現金が入ってきます。したがって、この株式譲渡は最もシンプルな「M&A」の方法といえ、一般的にもこの方法が多くとられています。

⑵ 合併

合併とは、2つ以上の会社を併せて1つの会社にする方法です。

中小企業の「M&A」としては、承継される会社（消滅会社）は承継する会社（存続会社）に吸収されたうえで消滅する吸収合併の方法が考えられます。合併では、消滅会社の株主に対して支払う対価は、金銭だけでなく存続会社の株式や不動産などの財産でもいいとされているので、存続会社にとっては、現金を用意するという負担が軽くなるというメリットがあるといわれています。

⑶ 事業譲渡

会社のある特定の事業部門だけを他の会社に売り渡すことを「事業譲渡によるM＆A」といいます。この事業部門とは、その部門の従業員やお客様をはじめとする取引先、事業に使っていた不動産、機械や「のれん」などの財産をいい、これらをまとめて売り渡すことをいいます。

例えば、会社全体でみれば、不採算部門があって魅力的な会社とはいえないけれども、部分的にみれば優れた事業部門があるという場合には、相手方からすればその部分だけを譲り受ける事業譲渡を選ぶこともありうるでしょう。したがって、会社全体の「M＆A」がうまくいかない場合であっても、事業譲渡であれば相手が見つかる可能性もあるのです。相手が見つからないといってすぐに事業承継をあきらめて清算を検討するのではなく、業績のいい事業部門があるのであれば、できる限り従業員の雇用を確保し、清算前に会社を身軽にするため事業譲渡を検討することも有用であるといえます。

⑷ 会社分割

会社分割とは、1つの会社を2つ以上の会社に分ける方法です。したがって、業績のいい部門だけを分割して別会社としたうえで、その分轄した会社の株式を他の会社に買い取ってもらう方法が考えられます。この方法であれば、事業譲渡の場合と比べ、税金面で負担を軽くする可能性もあります。

M&Aの方法

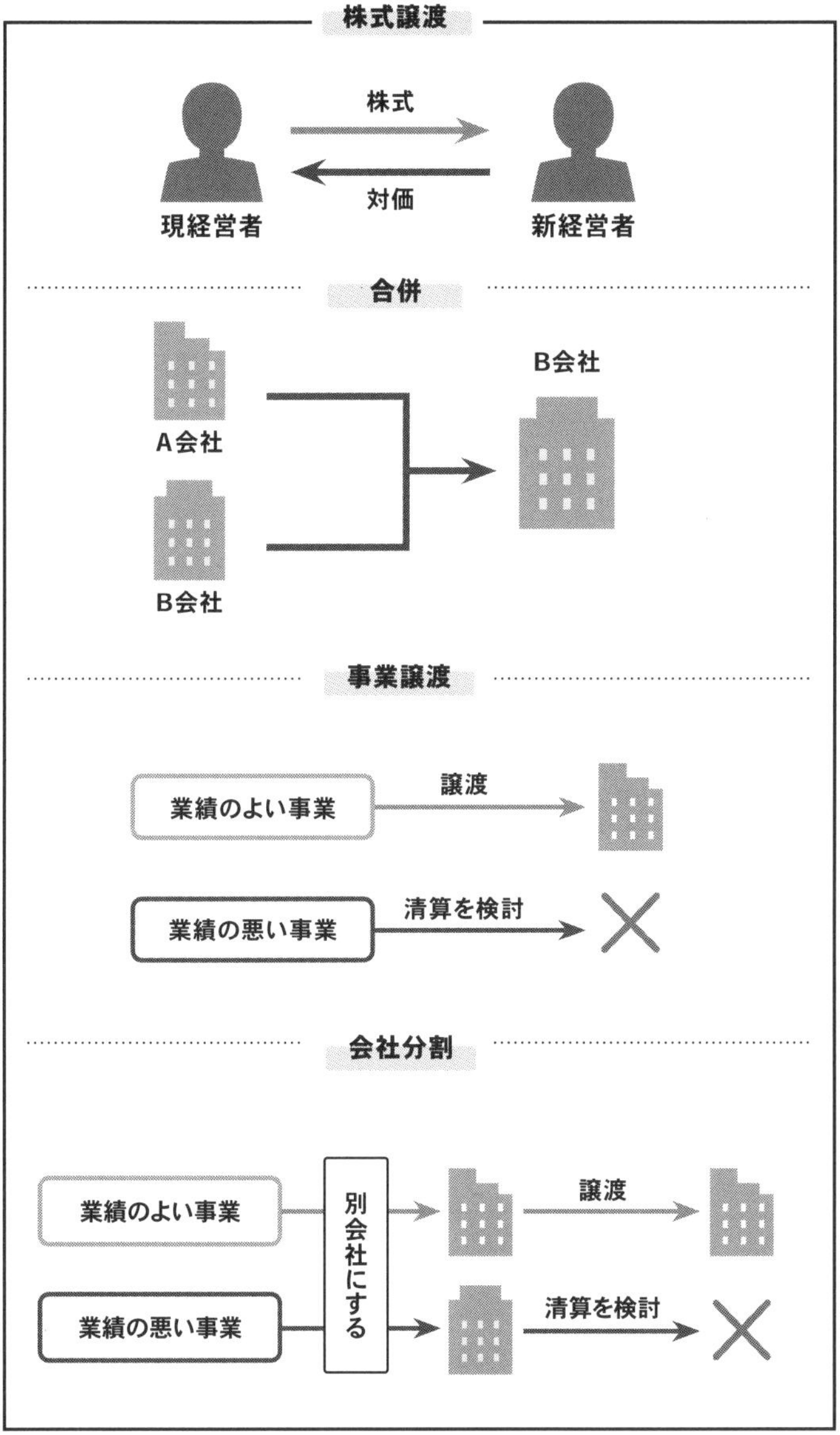

M&Aの比較

	株式譲渡	合併	事業譲渡	会社分割
会社法の組織再編	該当しない	該当する	該当しない	該当する
譲渡対象	会社全体	会社全体	各事業や資産を個別的に譲渡	事業の一部または全部を包括的に譲渡
社名	残る	残らない	譲渡契約に商号の譲渡を盛り込めば残る	残らない
許認可	承継	承継	再取得が必要	承継
取締役会の承認	定款に株式譲渡制限の規定があれば必要	必要	必要	必要
株主総会の決議	不要	必要	必要	必要
従業員	雇用承継	雇用承継	個別に同意を得る	労働者保護手続きが必要
債権者保護手続き	不要	必要	個別に同意を得る	必要
解散手続き	不要	必要	必要	必要
清算手続き	不要	不要	必要	必要
官報公告	不要	必要	不要	必要

④「Ｍ＆Ａ」の流れ

次に「Ｍ＆Ａ」の流れについてみていきましょう。ここでは、「Ｍ＆Ａ」の一般的な方法である「株式譲渡によるＭ＆Ａ」の流れを説明します。

株式譲渡によるＭ＆Ａの流れ

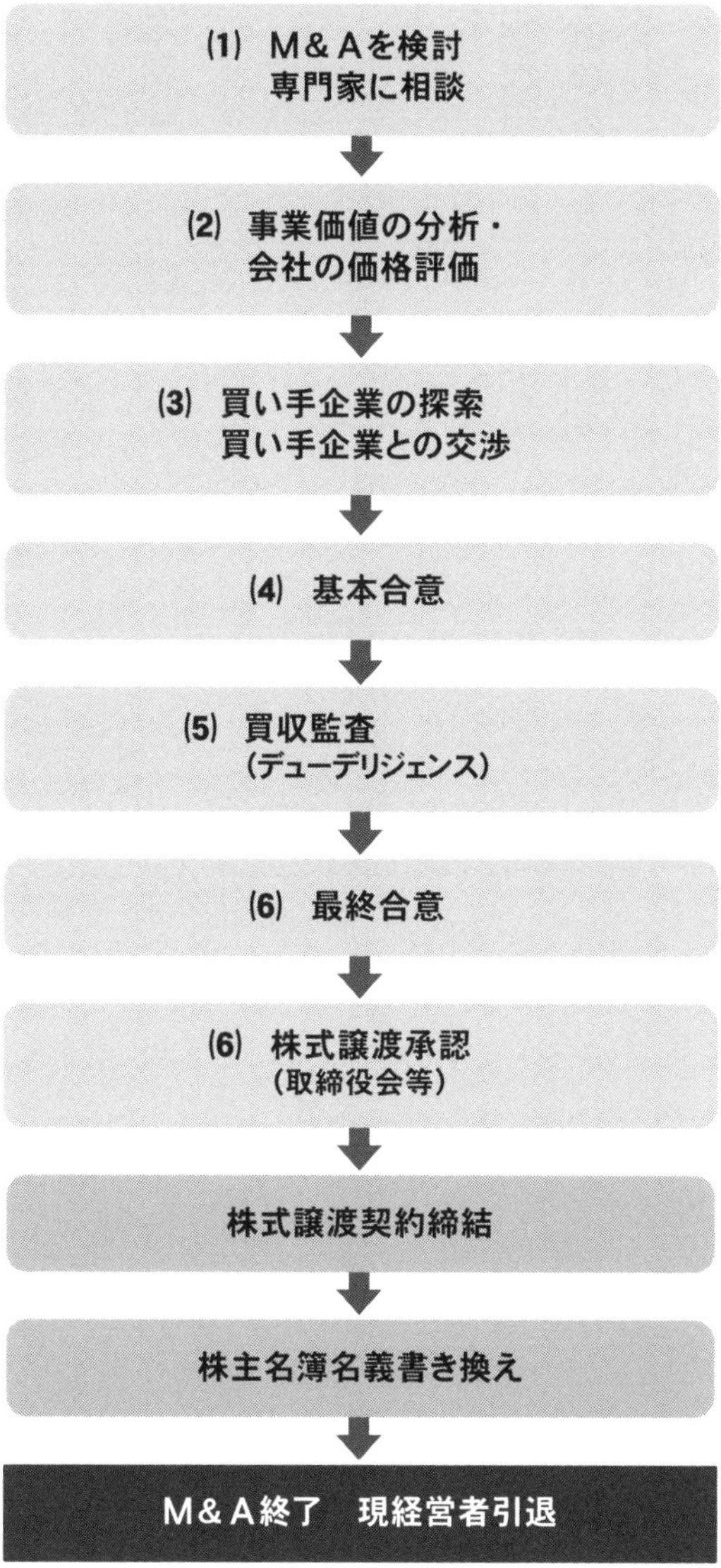

⑴「M&A」の検討と専門家への相談

会社・事業の分析・評価

まずは会社を売却する観点から、自社の事業の収益性、財務状況、商品・サービス、技術・ノウハウ、販路の特徴などについて客観的に分析、評価をします。この分析評価によって買い手にとって魅力的な会社・事業かを自己評価するのです。

専門家への相談

「M&A」という事業承継の方法を検討するにあたっては、すべてを独自に行うことは困難です。買い手の紹介など「M&A」では、様々な仲介機関やアドバイザーなどの専門機関が存在しますので、それら専門機関に相談し効率よく検討していきましょう。

専門機関としては、商工会議所、金融機関、M&A仲介業者や、自社の顧問である税理士や公認会計士など千差万別です。どの専門家に相談すればよいかわからない場合や、相談する専門家が身近にいない場合には、各都道府県に設置されている「事業引継ぎ支援センター」を利用してみるのもよいでしょう。相談先の力量によって「M&A」の成否が決まるといっても過言ではないので、専門家選びは慎重に行いましょう。

⑵　事業価値の分析・会社の価格評価

一般の中小企業は、株式上場しておらず株が市場に流通していないので市場価格というものがありません。したがって株式譲渡における株式の売買価格は、買い手と売り手の合意によって決まるのが原則です。ただし、何の根拠もなく合意することは困難なので、目安となる株価を算定する方法があります。

それは、純資産価額方式、収益方式、配当方式の３つの方式があげられますが、中小企業では主に純資産価額方式がとられます。純資産価額方式とは、純資産額に営業権（のれん代）を加えて算出する方法で、営業権は経常利益の3年分から5年分とされているようです。正式な株価は相談する専門家による価格算定をしてもらうことをお勧めします。

⑶　買い手企業の探索　買い手企業との交渉

買い手企業候補を選別する際には、相手の業種、規模、所在地などから興味のある会社があれば、相手方企業の代表者との直接面談する機会を設けることになります。まずは、相手企業を知るとともに代表者の経営理念や人格が自社と合っているか面談しながら検討しましょう。相手方の希望をしっかりと把握するとともに、こちらの「M＆A」にあたっての条件も相手にしっかり伝わるよう面談しましょう。

そして面談によってお互いに信頼感を深め、さらに交渉を進める場合には、相手方に買収の意向を表明する「意向表明書」が交付され、さらに交渉を進めていきます。

⑷ 基本合意

意向証明に沿って交渉が進み、ある程度交渉内容がまとまったところで、それまで双方が合意した事項を確認するため基本合意書を締結します。この基本合意書により「M＆A」の契約が成立するわけではありませんが、互いに契約成立に向けて誠実に努力していくことが確認されます。

合意書の内容としては、契約成立の時期や譲渡価額の概算額などのこれまでの交渉過程での合意事項、買収監査のスケジュール、一定期間は他の会社と交渉を行わない独占交渉権や、秘密保持義務、基本合意書の有効期間などを記載することが一般的のようです。

⑸ 買収監査

基本合意が締結されると、契約を成立するか否かの最終的な判断をするために、「買収監査」という調査を行います。この買収監査は、通常「デューデリジェンス」と呼ばれ、買収する側が、買収される側の会社の調査、評価する手続きで、外部の専門業者に依頼して行われます。

調査内容は、一般的には財務、法務、事業内容に分けられ実施されます。例えば、回収不可能な債権はないか、あるいは帳簿に載っていない債務はないか、法令違反をして業務を行っていないか、従業員に給料や残業代の未払いはないか、会社にとって必要な書類がきちんと保管されているかなどを調べられます。「Ｍ＆Ａ」交渉以前には知らなかった事情で、成立後に大きな問題が判明すると、買主としては予想もつかなかった大きな損害を被る恐れがあるため、第三者の専門家による調査が行われるのです。この調査で判明した事実の中で重要なものは「Ｍ＆Ａ」交渉の調整材料となったり、契約書の中に盛り込まれることもあります。

⑹ 最終合意　売買契約書の作成・締結

「Ｍ＆Ａ」の手続きを進め、交渉も順調に進み、詳細な条件について合意が得られれば、いよいよ契約書を取り交わし契約締結、「Ｍ＆Ａ」成立となります。

「Ｍ＆Ａ」というと特殊な契約と思われるかもしれませんが、通常の譲渡契約と同じで、基本的には一般の譲渡契約と同様に、対象となる株式の数、金額、支払い方法、支払い時期などを明文化します。また、会社法では、取締役会がある会社は、重要な資産を譲り受ける際には取締役会の承認を得なければならないこととされていますので、買い手の会社は、株式を買うことについて取締役会の承認を得ていなくてはなりません。契約書上に買い手の会社が取締役会で株式を買うことの承認手続きを経ていることを明文化します。また中小企業の場合、定款に株式の譲渡制限が付されていることが多いので、売り手の会社が株式譲渡について承認手続きを経ていることも明記しておきます。さらに、買い手の会社としては、「M&A」した会社の財務内容が事前に調査した内容と異なっていたのでは思わぬ損害を被ることになるので、実際の財務内容と帳簿あるいはデューデリジェンスの結果と同じであることを保証させる表明保証も明記することが一般的です。

こうして作成した株式譲渡契約書を締結し、契約内容通り株式の引き渡し（実際には株主名簿名義書換手続きになります）、代金支払いが行われると「M&A」が成立します。そして会社は新たに買い手側の会社として承継され、一方売り手の社長は株主としての会社の経営から引退するということになります。

5．経営承継円滑化法による事業承継へのサポート

我が国では、少子高齢化に伴い、中小企業における後継者不足が深刻化しており、そのため中小企業の事業承継がスムーズに行われていない現状にあります。

そこでこれに対応するため、２００８年１０月から「中小企業における経営の承継の円滑化に関する法律（経営承継円滑化法）」が施行されました。経営承継円滑化法は、中小企業の経営の承継を円滑化させ、中小企業の事業活動の継続を助けることを目的として、中小企業の事業承継を進めるうえでの障害となるものに対して次のような措置を定めました。

(1) 遺留分の特例
(2) 事業承継時に必要となる資金の問題に関する措置
(3) 相続税・贈与税の課税についての措置

⑴ 遺留分の特例

遺留分の問題については、後継者と他の推定相続人全員が合意し、経済産業大臣の確認を受けたうえで、家庭裁判所の許可を得るなどの手続きを経ることにより、後継者が取得した自社株式を遺留分の対象財産から除外したり、その評価額を合意時に固定したりできる特例が定められています。

⑵ 事業承継時に必要となる資金の問題に関する措置

経営承継円滑化法の要件にしたがって都道府県知事の認定を受けた中小企業は、中小企業信用保険法による保険が別枠化されることが規定されています。この措置により、信用保証協会の保証も別枠化されることになり、金融機関から事業承継に必要な資金の融資を受けやすくなります。また、都道府県知事の認定を受けた中小企業は、その代表者個人が、日本政策金融公庫や沖縄振興開発金融公庫から、特別金利で事業承継に必要な資金の融資を受けることができます。

⑶ 相続税・贈与税の課税についての措置

都道府県知事の認定を受けることを条件として、事業承継の際の相続税や贈与税の納税猶予を受けることができます。

　これら経営承継円滑化法による事業承継の支援制度を利用し、相続や資金、税金の問題で事業承継に二の足を踏んでいた方は、改めて事業承継を検討してみてはいかがでしょうか。

経営承継円滑化法などによる支援措置

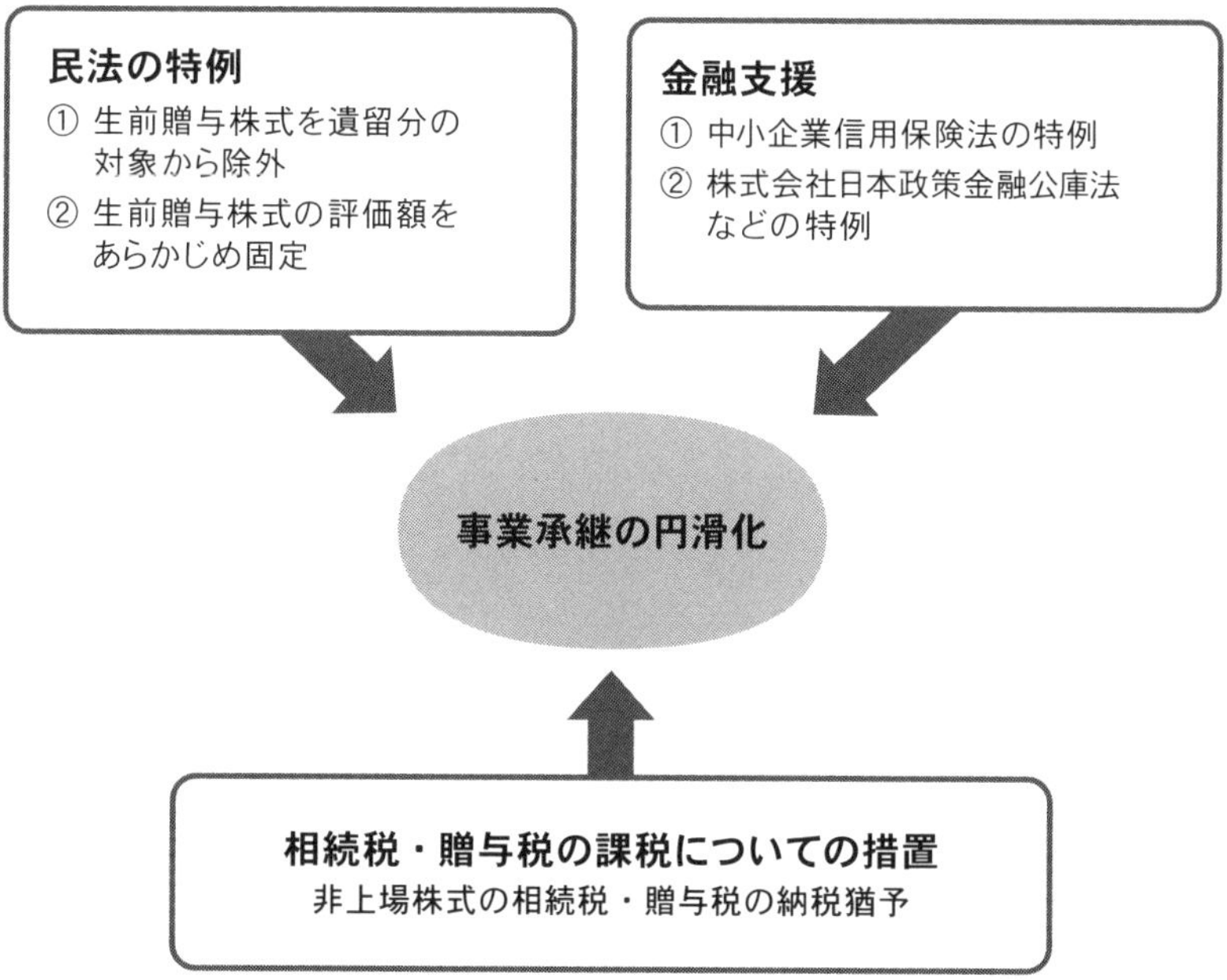

コラム6 MBO、EBO、LBOって何？

新聞やニュースなどで、MBO、EBO、LBOといった用語がでてくるときがありますが、この意味は何でしょうか。

これらはいずれもM&Aの方法を表したものです。中小企業の事業承継に使われることもありますので内容を確認しておきましょう。

MBO　現在の取締役が会社を買い取る

MBO（マネジメントバイアウト）とは、取締役などの経営陣が現経営者から株式を買い受けて事業を承継することです。従来からの経営陣が引き続き会社の経営を担うことになるので経営方針や事業戦略について継続が期待できます。しかし、後継者に十分な資金がないと、現経営者から株式を買い取ることができません。このような場合に有用なのが、後継者の株式買取資金を複数の投資家が資金を出して作るMBOファンドからの出資や融資により賄う方法です。

EBO　従業員が会社を買い取る

EBO（エンプロイーバイアウト）とは、従業員が現経営者から株式を取得して会社の経営を担うことです。基本的にはMBOと同じで、取締役が従業員に置き換わったものと考えてよいです。中小企業では役員と従業員の立場が明確でない場合も多く、EBOとMBOの線引きがあいまいな場合もあります。

LBO　未来の会社の業績を担保にする

LBO（レバレッジドバイアウト）とは、買収する会社の財産や収益の見込みを担保として借入によって買収資金をを調達する方法をいいます。買収後には、買収した会社の財産や収益から返済していくことになります。このLBOによる資金調達を用いて、MBOやEBOを実行することもあります。

MBOやEBOでは、現経営者と身近な経営陣や長年従業員として会社に貢献してきた人物が後継者となるので、社内外での抵抗感も少なく、友好的に進めることができるM&Aの方法ということができます。

ただし、資金提供をするファンド自体が、M&A実施後株主として経営を監視監督することもあるということを念頭においておくことも必要です。

MBO、EBO、LBOのイメージ

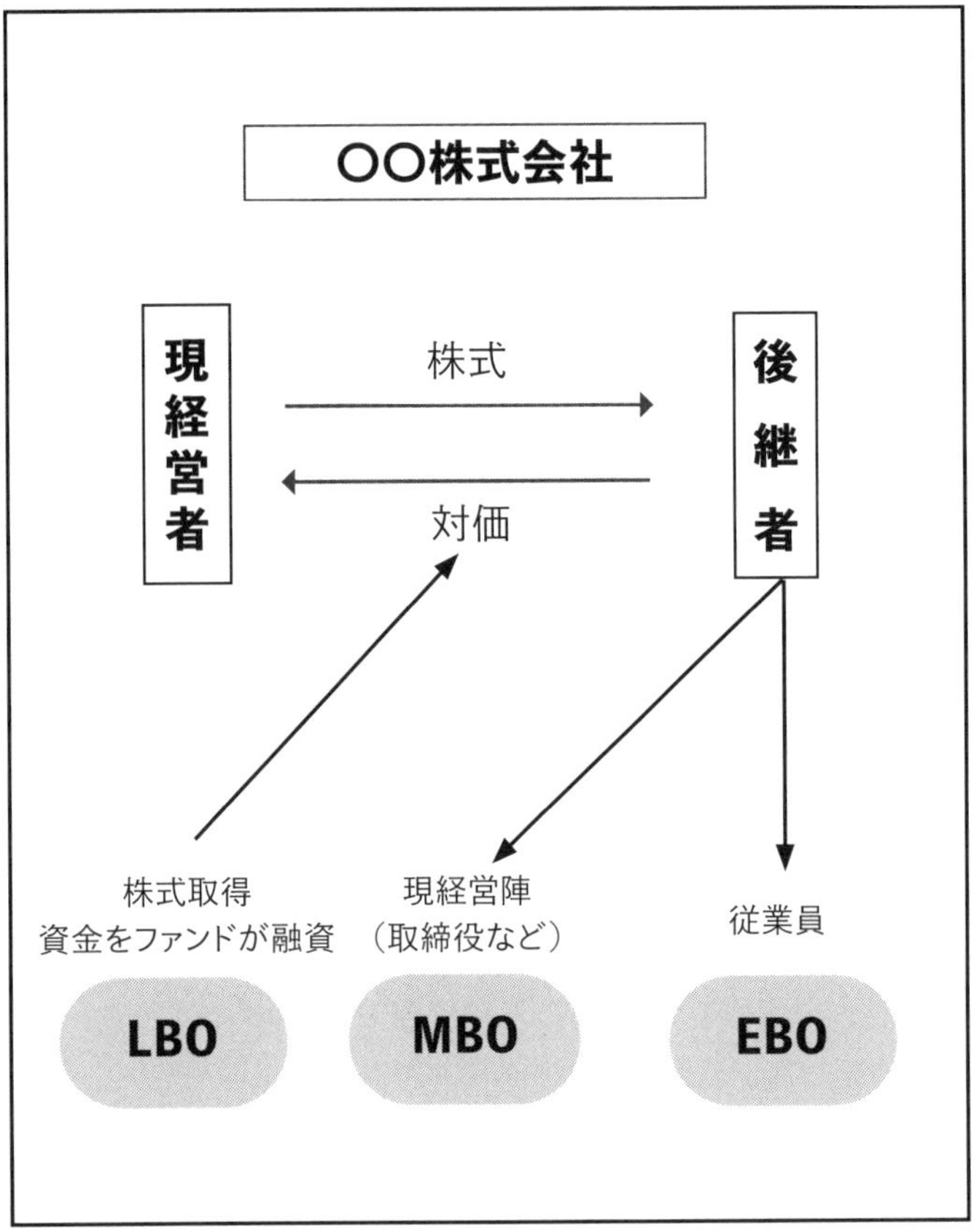

第7章　会社をたたんだあとは

1．会社をたたんだあとの収入の状況は

経営者が会社をたたんだとしても、そこで人生が終了するわけではなく、第2の人生がスタートしさらに続いていきます。ここでは、会社をたたんだあとの、その後の経営者の生活についてみていきましょう。

次のグラフは、引退した経営者の直近1年間の生活資金についてみたものです。これによると、事業承継した経営者、廃業した経営者ともに、公的年金を生活資金としている割合が高いです。また事業承継した経営者においては、公的年金と勤務収入、廃業した経営者は公的年金が生活資金の中心となっているようです。

次に、引退した経営者の雇用形態をみてみると、事業承継した経営者は、「会社・団体などの役員」が最も多く、経営から退いた後も役員等として引き続き在籍している場合が一定数以上いるものと思われます。他方廃業した経営者の約7割が無職となっており、年金生活が主となっていると考えられます。会社をたたんだあとも人生は続きます。その後の生活資金の確保も念頭においておく必要があるでしょう。

直近1年間の生活資金

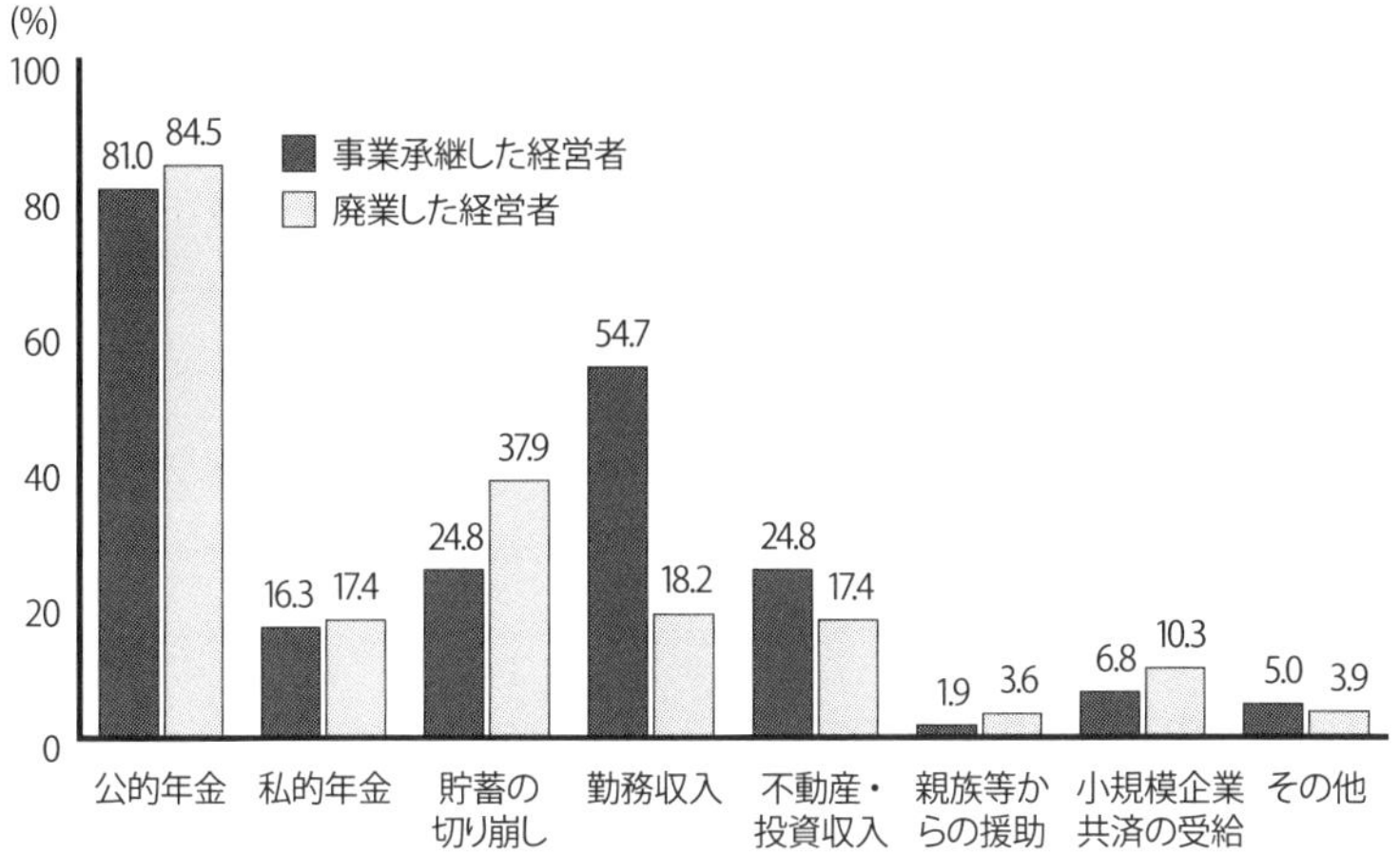

資料：みずほ情報総研（株）「中小企業・小規模事業者の次世代への承継及び経営者の引退に関する調査」（2018年12月）
（注）1．ここでいう「事業承継した経営者」とは、引退後の事業継続について「事業の全部が継続している」、「事業の一部が継続している」と回答した者をいう。2．ここでいう「廃業した経営者」とは、引退後の事業継続について「継続していない」と回答した者をいう。3．複数回答のため、合計は必ずしも100％にならない。

現在の雇用形態

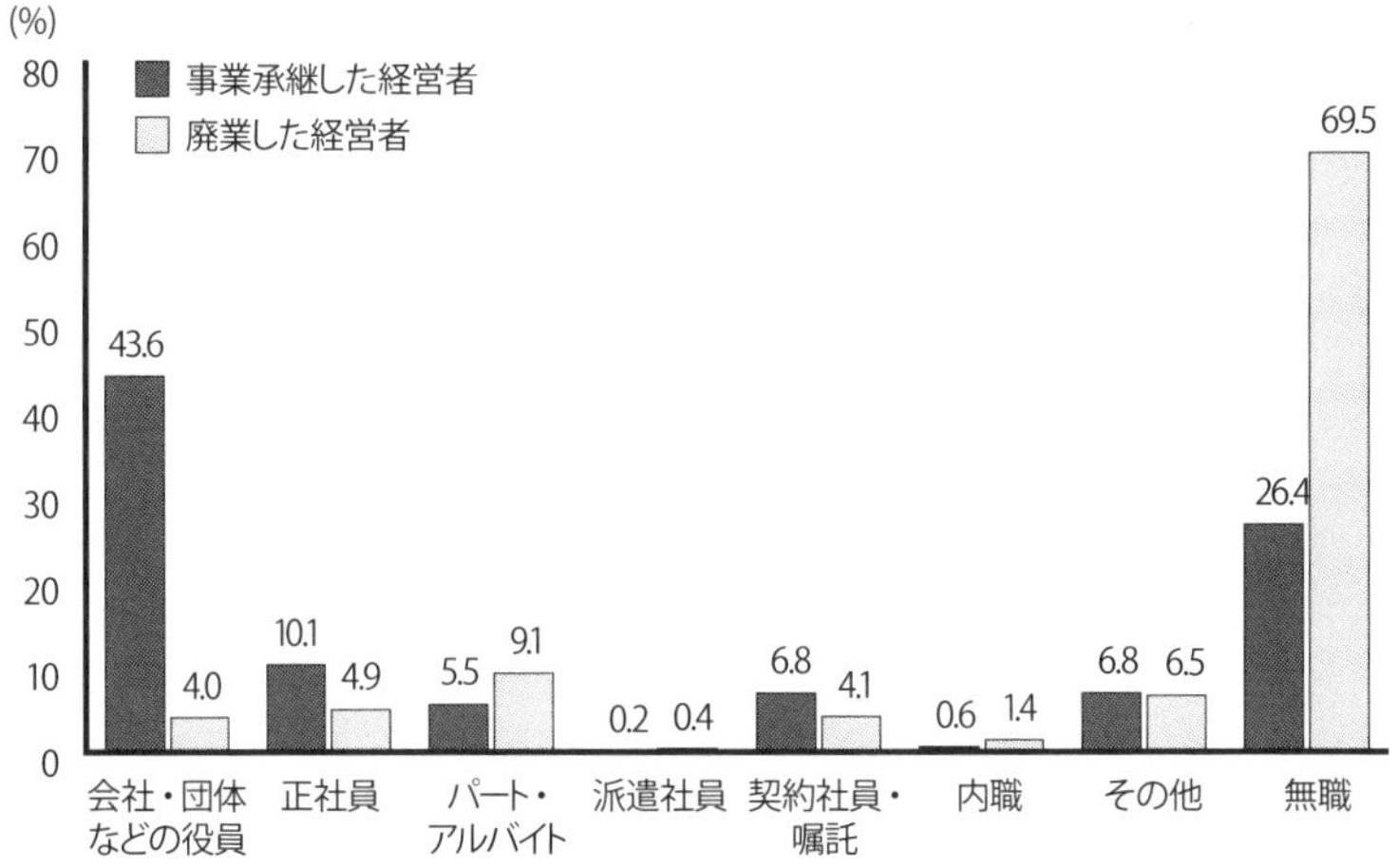

資料：みずほ情報総研（株）「中小企業・小規模事業者の次世代への承継及び経営者の引退に関する調査」（2018年12月）
（注）1．ここでいう「事業承継した経営者」とは、引退後の事業継続について「事業の全部が継続している」、「事業の一部が継続している」と回答した者をいう。2．ここでいう「廃業した経営者」とは、引退後の事業継続について「継続していない」と回答した者をいう。

2．会社をたたんだあとの生活の状況は

次のグラフは、引退した経営者の現在の生活の満足度を示したものです。これによると、事業承継した経営者は、現在の生活について「満足」、「やや満足」とする割合が約7割と大半を占めており、廃業した経営者についても「満足」、「やや満足」が約半数を占めています。会社をたたむことによって経営者としての多忙さや責任感から解放されたことで肩の荷がおりたと感じている方が多いと考えられます。

次に経営者引退の準備期間別に、引退した経営者の、現在の生活の満足度についてみてみると、準備期間が長いほうが、「満足」と感じている者が多い傾向にあるようです。準備期間中に行う会社をたたむ取組みは様々あるわけですが、このことからも早めの準備がその後の生活の満足度の向上につながることが多いと考えられます。

経営者は、誰しもがいつかは引退するものです。経営者としての有終の美を飾り、これまで作り上げてきた功績を未来の価値につなげていくためには、引退が視野に入る早い段階から、事業や経営の引き継ぎや、自身や家族の暮らしの満足に向けた準備をすることが重要になります。

現在の生活の満足度

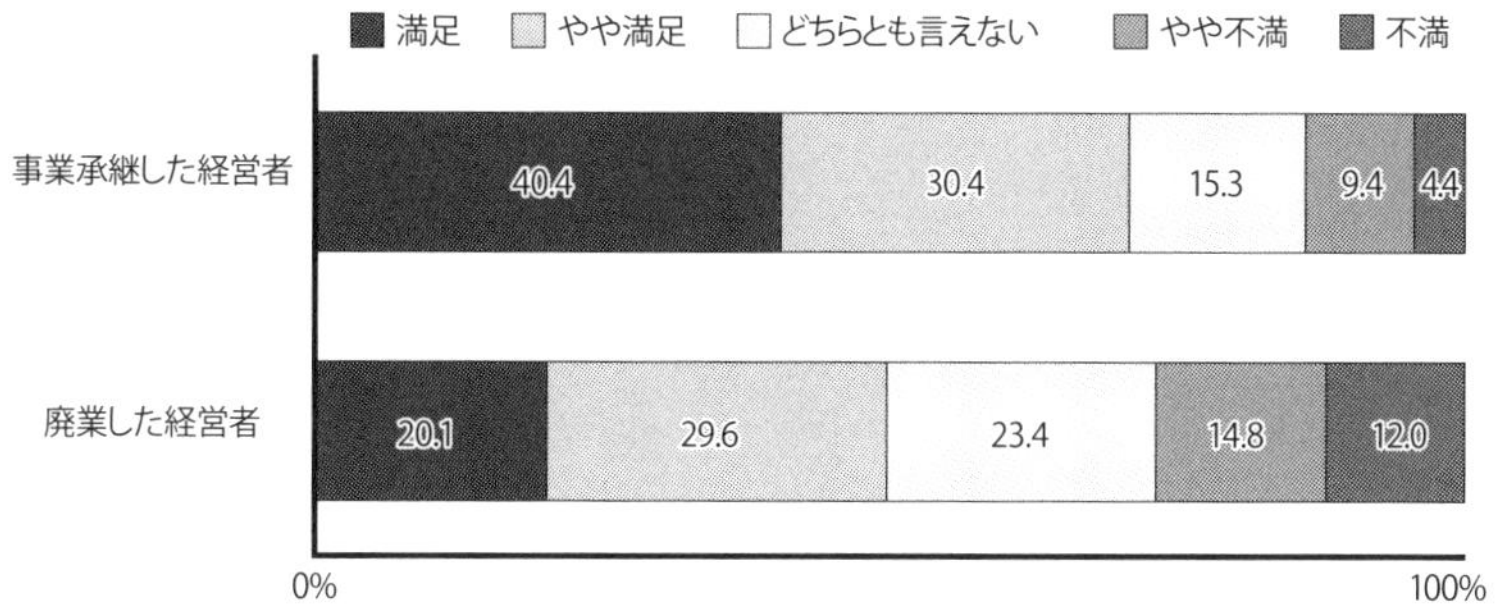

資料：みずほ情報総研（株）「中小企業・小規模事業者の次世代への承継及び経営者の引退に関する調査」(2018年12月)
(注) 1．ここでいう「事業承継した経営者」とは、引退後の事業継続について「事業の全部が継続している」、「事業の一部が継続している」と回答した者をいう。2．ここでいう「廃業した経営者」とは、引退後の事業継続について「継続していない」と回答した者を

経営者引退の準備期間別、現在の生活の満足度

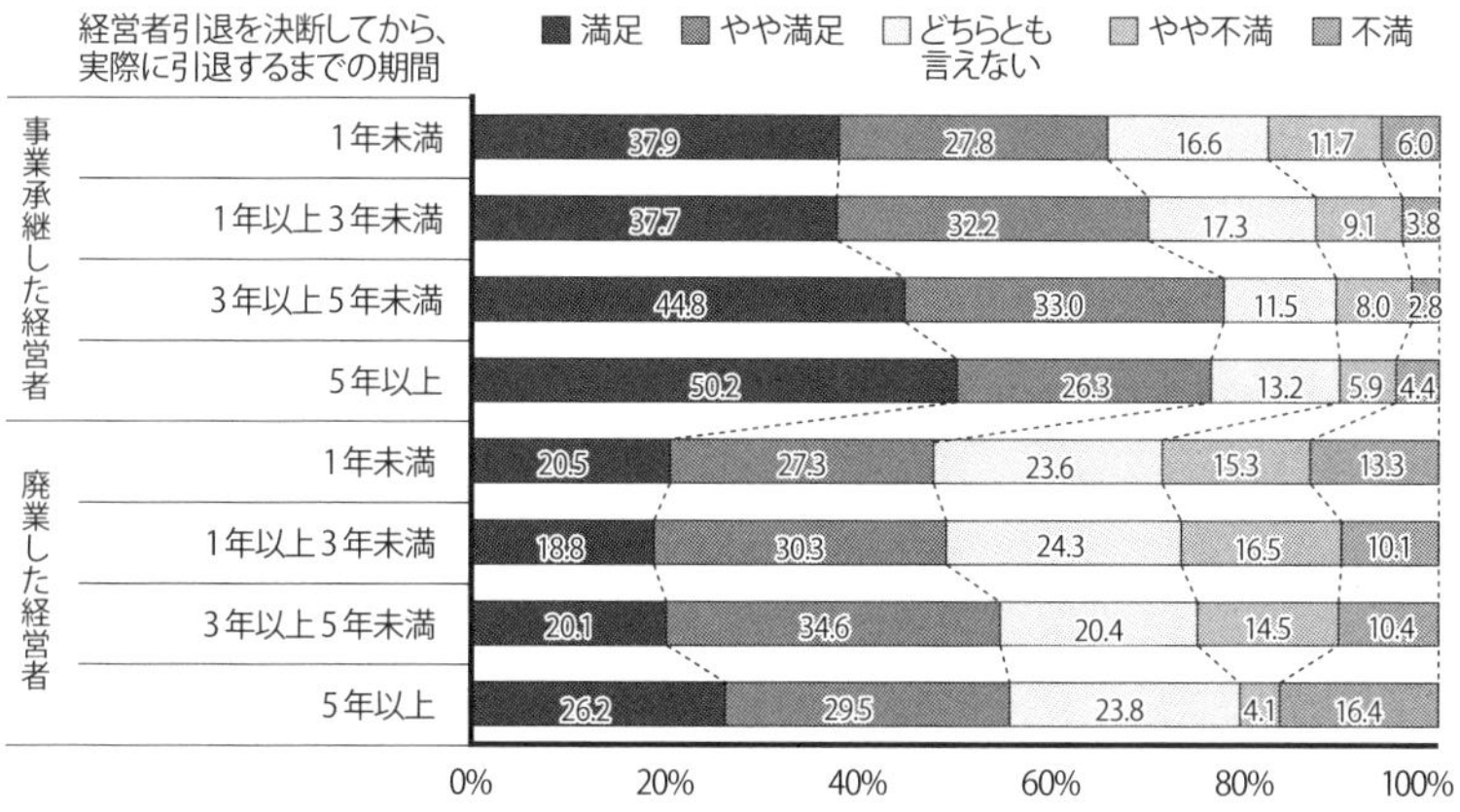

資料：みずほ情報総研（株）「中小企業・小規模事業者の次世代への承継及び経営者の引退に関する調査」(2018年12月)
(注) 1．ここでいう「事業承継した経営者」とは、引退後の事業継続について「事業の全部が継続している」、「事業の一部が継続している」と回答した者をいう。2．ここでいう「廃業した経営者」とは、引退後の事業継続について「継続していない」と回答した者をいう。3．経営者引退の準備期間とは、経営者引退を決断してから、実際に引退するまでの期間をいう。

現在の生活が満足な理由

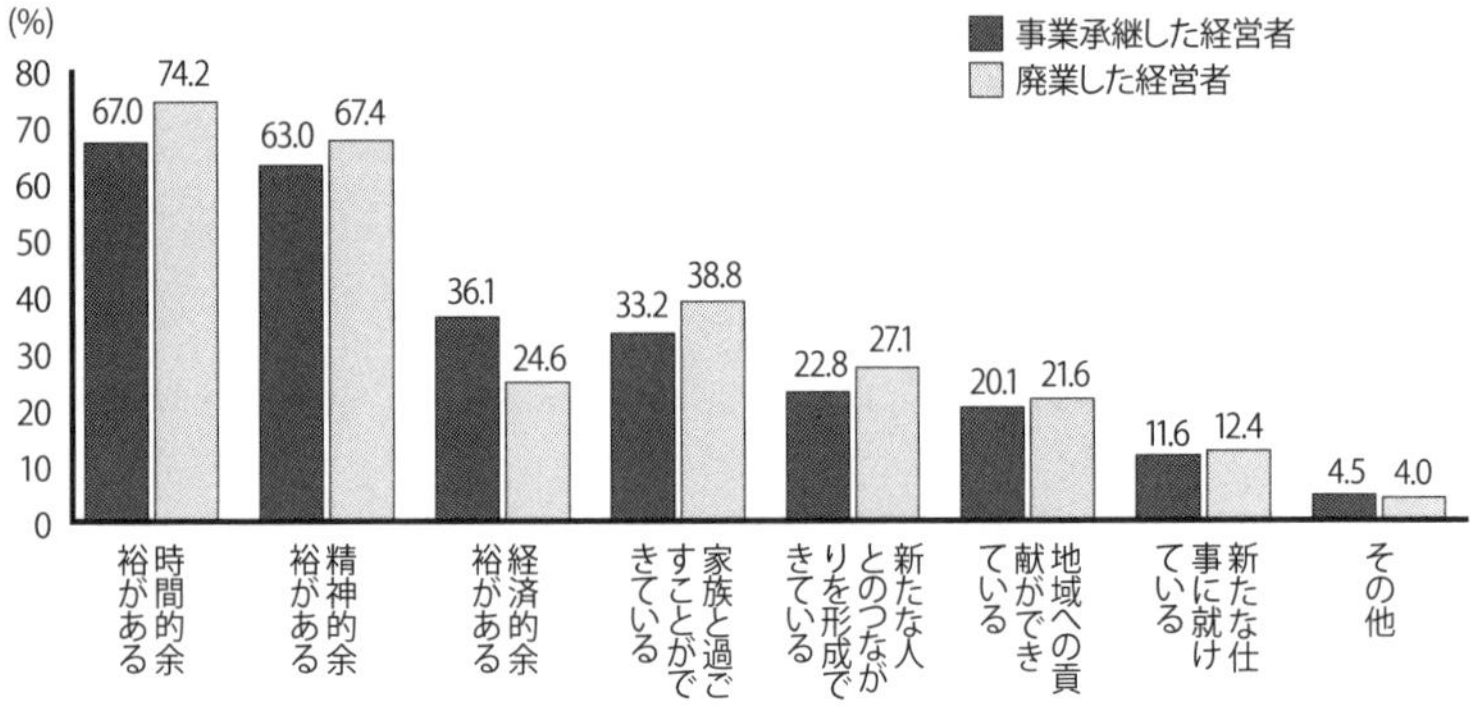

資料：みずほ情報総研（株)「中小企業・小規模事業者の次世代への承継及び経営者の引退に関する調査」(2018年12月)
(注) 1. ここでいう「事業承継した経営者」とは、引退後の事業継続について「事業の全部が継続している」、「事業の一部が継続している」と回答した者をいう。2. ここでいう「廃業した経営者」とは、引退後の事業継続について「継続していない」と回答した者をいう。3. 現在の生活満足度について「満足」、「やや満足」と回答した者について集計している。4. 複数回答のため、合計は必ずしも100%にならない。

現在の生活が不満足な理由

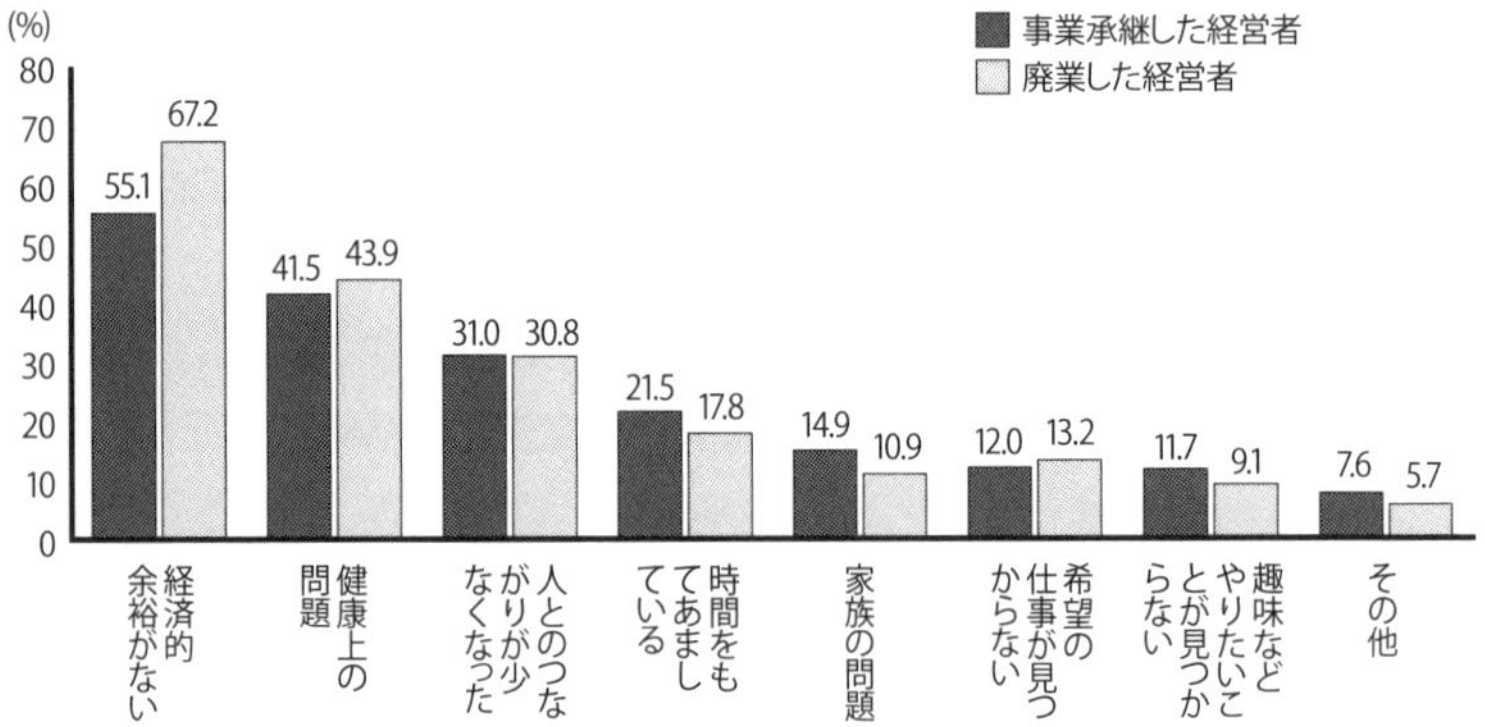

資料：みずほ情報総研（株)「中小企業・小規模事業者の次世代への承継及び経営者の引退に関する調査」(2018年12月)
(注) 1. ここでいう「事業承継した経営者」とは、引退後の事業継続について「事業の全部が継続している」、「事業の一部が継続している」と回答した者をいう。2. ここでいう「廃業した経営者」とは、引退後の事業継続について「継続していない」と回答した者をいう。3. 現在の生活満足度について「やや不満」、「不満」と回答した者について集計している。4. 複数回答のため、合計は必ずしも100%にならない。

コラム7

引退後の収入は？　小規模企業共済制度

小規模企業共済について

１５０ページでで説明したように、現経営者にとって、現役引退後の経営者自身の収入が大きな課題となっています。このような経営者の不安を取り除くための制度として、１９６５年に創設されたのが「小規模企業共済制度」です。この制度は、小規模事業者の廃業、退職、転職などに備え、廃業後の生活の安定や事業の再建の資金を準備するための制度であり、半世紀もの間、経営者のセーフティ機能を担ってきました。在籍者数は令和３年３月末で１５３万人となっています。

小規模事業者の経営者の退職金制度

小規模企業共済制度は「経営者の退職金制度」とも呼ばれており、小規模事業の経営者を対象に、廃業や引退時に備えて、毎月資金の積立を行う共済制度です。

事業活動を止めた後の小規模事業者の生活の安定を容易にすることを目的としており、

個人事業の廃止、会社等の解散など、廃業に至る場合について、「A共済事由」として最も手厚い共済金を支給しています。

また、65歳以上かつ180か月以上掛金を納付した場合（老齢給付）については、「B共済事由」として、廃業に次いで高い共済金を支給しています。

また、個人事業者については、従来の事業と同一の事業を営む会社に組織替えし、当該会社の役員とならなかったなどの場合、会社の役員については、法人の解散、死亡、疾病や負傷以外の理由または65歳未満で役員を退任した場合は、「準共済事由」として、掛金相当額が支給されることとなっています。

平成28年4月には、事業承継の円滑化の観点からの制度見直しを実施しており、「事業の承継」を事業の廃止と同列に位置付け、事業承継に関する共済事由について、以下の引き上げを実施しています。

(1) 個人事業主が親族内で事業承継した場合に廃業と同様の「A共済事由」への引き上げを実施（平成28年4月以前は、「準共済事由」とされていました）

(2)会社の役員の退任時の共済事由について、65歳以上である場合について、老齢給付と同様の「B共済事由」への引き上げを実施（平成28年4月以前は、法人の解散、死亡、疾病や負傷以外の理由による退任については、「準共済事由」とされていました）

小規模企業共済制度の加入のメリットとして、税制措置、貸付制度の2点があげられます。

(1)税制措置：掛金は全額所得税控除の対象。共済金は一括払いの場合は退職所得扱い、分割払いの場合は公的年金等の雑所得扱いの対象

(2)貸付制度：積み立てた掛金総額の7～9割の範囲で、2000万円を上限に、低利かつ、無担保・無保証の融資をうけることが可能

このように、小規模企業共済制度は、小規模企業の経営者のためのおトクで安心な「退職金制度」といえます。

【問い合わせ先】 独立行政法人中小企業基盤整備機構
▼https://www.smrj.go.jp/kyosai/skyosai/entry/

おわりに

会社をたたもうかと思い立ったときから、会社をたたむまでの準備や手続きについてここまで解説してきました。

本文でもお伝えしたように「会社をたたむ」ということは決して後ろ向きな面ばかりではありません。企業経営という厳しい責務と強いプレッシャーから解放され、経営者本人にとっての第2の人生のスタートでもあります。

ただし、会社をたたむことによって会社を取り巻く多くの関係者に多大な影響を与えるわけですから慎重に適切に手続きを踏んでいかなければなりません。そのためには、的確な時期に適切な方法で、効率的に正しい方法で手続きを実行していくための知識・ノウハウが必要となります。

また経営者とは常に孤独なものです。通常の会社運営ならいざ知らず、「会社をたたむ」

という特別な決断・実行についてはさらに孤立しがちになります。

本書はそんな重大な仕事を孤独感にさいなまされながら決断・実行していく経営者の方のために執筆いたしました。本書を読んで、経営者としての最後の大仕事を成功に導き、豊かな第2の人生のスタートをきっていただきたいと思います。

最後に、本書の執筆に際し、様々な助言や協力をいただいた株式会社ぱる出版編集部の芝様、五十嵐様に感謝いたします。ありがとうございました。

花本　明宏

花本明宏（はなもとあきひろ）
愛知県生まれ。青山学院大学法学部卒業。司法書士。社会保険労務士、行政書士、宅地建物取引士の有資格者。
一般企業で長年、総務、経理、人事等、経営管理部門に従事。司法書士資格を取得後、独立。現在は経営相談やコンサルティング、執筆活動など幅広い分野に携わっている。
著書に、『退職するときの手続き完全マニュアル』（ぱる出版）、『社会保険労務士になろう』（PHP 出版）、『図解給与計算事務ができる本』（日本実業出版社）、『図解・給与計算入門の入門』（税務研究会）がある。

本当《ほんとう》に賢《かしこ》い会社《かいしゃ》のたたみ方《かた》

2021 年 10 月 18 日　初版発行

著　者　花　本　明　宏
発行者　和　田　智　明
発行所　株式会社　ぱる出版

〒 160 - 0011　東京都新宿区若葉 1 - 9 - 16
03 (3353) 2835 — 代表　03 (3353) 2826 — FAX
03 (3353) 3679 — 編集
振替　東京　00100 - 3 - 131586
印刷・製本　中央精版印刷（株）

ISBN978-4-8272-1303-4　C0034